まんがと図《ず》解《かい》でよくわかる

きみたちはどう稼《かせ》ぐか?

1杯《ぱい》のコーヒーをお金《かね》に変《か》える方《ほう》法《ほう》

1級ファイナンシャル・プランニング技能士
著　坂本綾子

まんが　前川わかば

イラスト　まつむらあきひろ

中央公論新社

はじめに

みなさんは、すでにお金《かね》を使《つか》っていますよね。

お金《かね》のことで頭《あたま》を悩《なや》ますことはありませんか？

お金《かね》は、紙幣《しへい》に硬貨《こうか》、通帳《つうちょう》やアプリなどに並《なら》んだ数字《すうじ》で表《あらわ》され、見《み》た目《め》はそっけないけれど、その後《うし》ろには、いろいろな分野《ぶんや》とつながった広《ひろ》い世界《せかい》があります。大人《おとな》になったら、それをわかった上《うえ》でお金《かね》と向《む》き合《あ》わないと、困《こま》ったことが起《お》きたりします。

そのため、子《こ》どもの頃《ころ》から少《すこ》しずつお金《かね》のことを学《まな》べるよう、学校《がっこう》の授業《じゅぎょう》にもお金《かね》の話《はなし》が取《と》り入《い》れられているほどです。

　この本《ほん》は、ドキドキ、ハラハラ、ワクワクしながら主人公《しゅじんこう》と一緒《いっしょ》に進《すす》んでいくことで、自分《じぶん》とお金《かね》と社会《しゃかい》のつながりがわかるようになっています。読《よ》んでおけば、きっと授業《じゅぎょう》の内容《ないよう》もすんなりと頭《あたま》に入《はい》ってくるでしょう。

　また、みなさんが大人《おとな》になっても古《ふる》くならないお金《かね》の原則《げんそく》を伝《つた》えられるよう心《こころ》がけました。木《き》で言《い》えば幹《みき》の部分《ぶぶん》です。

　これからのさまざまな体験《たいけん》と勉強《べんきょう》を通《とお》して、お金《かね》の知識《ちしき》と行動力《こうどうりょく》を備《そな》えた自分自身《じぶんじしん》の豊《ゆた》かな木《き》を育《そだ》てていく土台《どだい》になれば嬉《うれ》しいです。

ようこそ、お金《かね》の世界《せかい》へ！

目《もく》次《じ》

はじめに　2

登《とう》場《じょう》人《じん》物《ぶつ》紹《しょう》介《かい》　8

プロローグ
始《はじ》まりはお父《とう》さんがラクしてコーヒーを飲《の》みたかったこと　10

第《だい》1章《しょう》
お金《かね》って、なに？　17

お金《かね》が間《あいだ》にあることで社《しゃ》会《かい》が回《まわ》る　26

お金《かね》は誰《だれ》かの役《やく》に立《た》った証《あかし》(対《たい》価《か》)　26

お金《かね》を払《はら》うことで
他《ほか》の商《しょう》品《ひん》・サービスを手《て》に入《い》れられる　28

現《げん》代《だい》社《しゃ》会《かい》は世《せ》界《かい》的《てき》な分《ぶん》業《ぎょう》体《たい》制《せい》　30

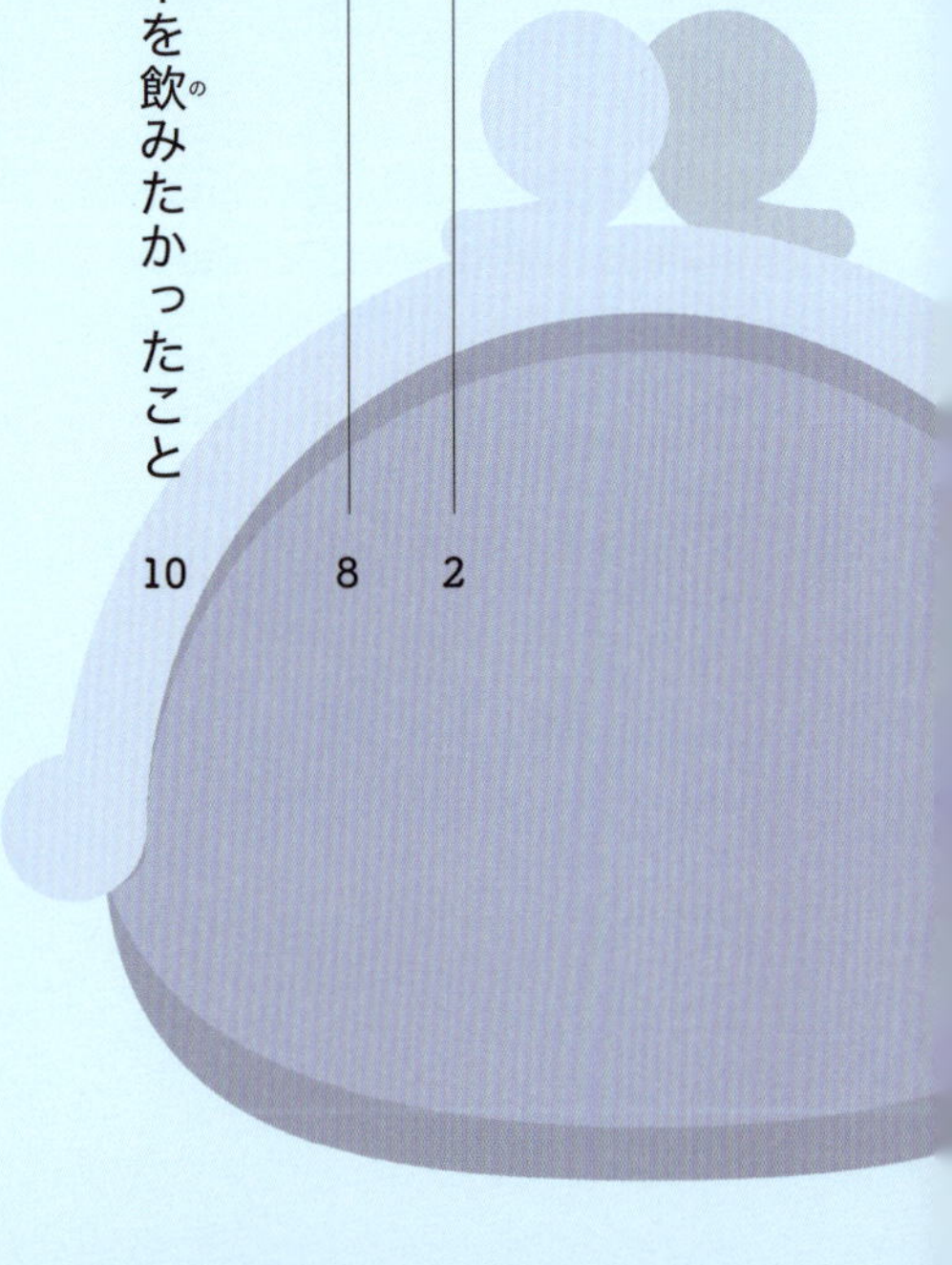

目次

第《だい》2章《しょう》 お金《かね》を手《て》に入《い》れるには？ 33

信《しん》頼《らい》で成《な》り立《た》つ仕《し》事《ごと》とお金《かね》の交《こう》換《かん》 44

お金《かね》を稼《かせ》ぐ方《ほう》法《ほう》① モノやサービスを作《つく》る 44

お金《かね》を稼《かせ》ぐ方《ほう》法《ほう》② モノやサービスを売《う》る 46

お金《かね》をもらう 給《きゅう》与《よ》やおこづかいの仕《し》組《く》み 48

未《み》来《らい》に託《たく》す お金《かね》の投《とう》資《し》 50

第《だい》3章《しょう》 お金《かね》はたくさんあればあるほど幸《しあわ》せ？ 53

家《か》族《ぞく》の誰《だれ》かが稼《かせ》いでいるから生《せい》活《かつ》できる 62

生《せい》活《かつ》にはお金《かね》が必《ひつ》要《よう》 62

働《はたら》き方《かた》によって、お金《かね》の額《がく》は変《か》わる 64

自《じ》分《ぶん》にかかるお金《かね》はいくら？ 66

第《だい》4章《しょう》

お金《かね》の正《ただ》しい使《つか》い方《かた》はあるの？ —— 69

自分《じぶん》のお金《かね》は有限《ゆうげん》、何《なに》にどう使《つか》うかは自分《じぶん》で決《き》める —— 78

お金《かね》の使《つか》い方《かた》は多種多様《たしゅたよう》 —— 78

自分《じぶん》のお金《かね》をやりくりするときの心得《こころえ》 —— 80

必要《ひつよう》なものと欲《ほ》しいものの見分《みわ》け方《かた》 —— 83

買《か》うか買《か》わないか、決《き》め手《て》は？ —— 84

第《だい》5章《しょう》

どんどん変《か》わるお金《かね》の形《かたち》 —— 87

お金《かね》は社会《しゃかい》の変化《へんか》を映《うつ》し出《だ》す —— 98

見《み》えないお金《かね》の価値《かち》を知《し》る —— 98

お金《かね》で失敗《しっぱい》しないために、自分《じぶん》のお金《かね》を守《まも》るには？ —— 101

社会《しゃかい》の状況《じょうきょう》で変《か》わるお金《かね》の価値《かち》 —— 103

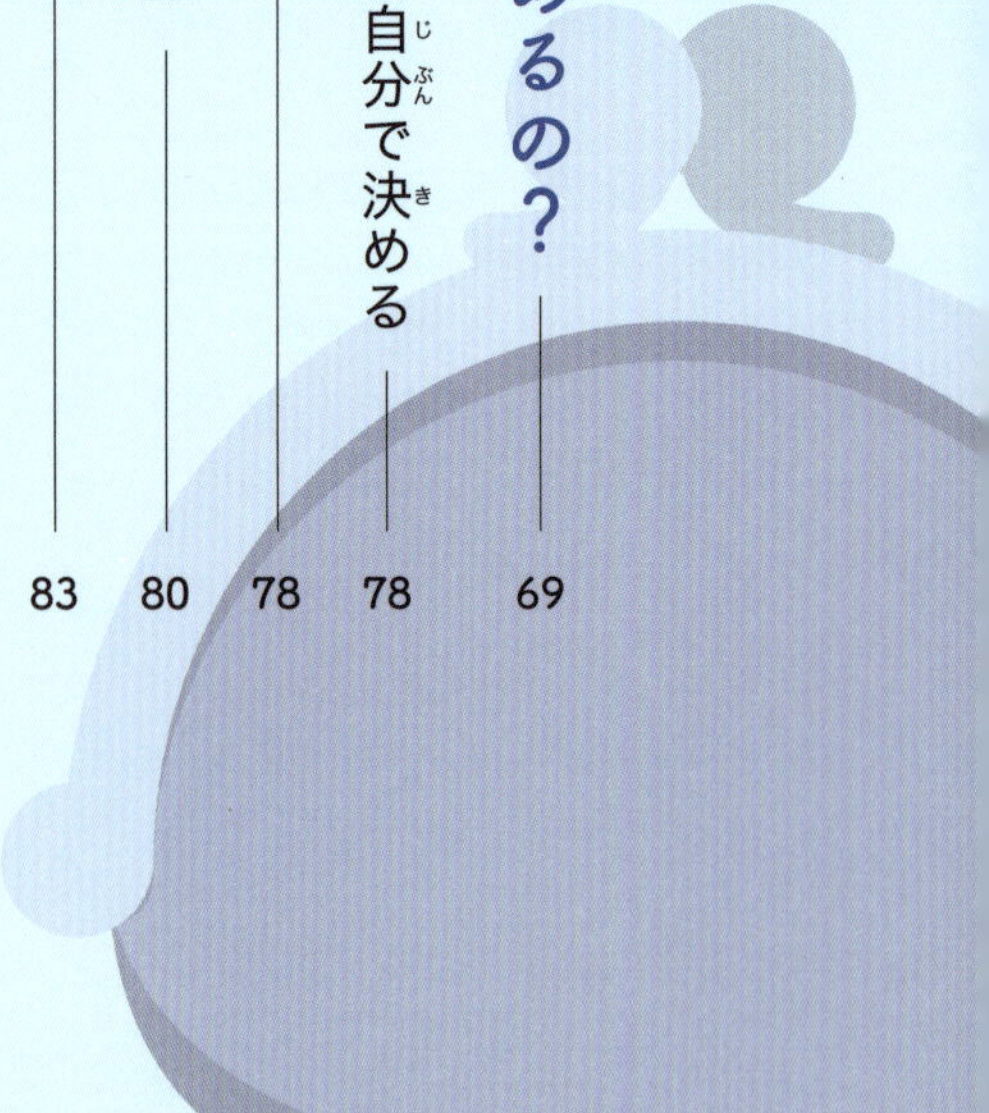

第《だい》6章《しょう》 お金《かね》をどう使《つか》うかは自分《じぶん》次第《しだい》 107

お金《かね》はひとつのモノサシ 116

未来《みらい》の計画《けいかく》を立《た》ててみよう 116

選択《せんたく》には情報収集《じょうほうしゅうしゅう》が欠《か》かせない 118

お金《かね》を使《つか》う優先順位《ゆうせんじゅんい》は人《ひと》により違《ちが》う 120

エピローグ 122

登《とう》場《じょう》人《じん》物《ぶつ》紹《しょう》介《かい》

成《なる》

（10歳《さい》）

小学《しょうがく》４年生《ねんせい》。習《なら》い事《ごと》はサッカー。
ゲームが大好《だいす》きな男子《だんし》小学生《しょうがくせい》。
成績《せいせき》はクラスで中《ちゅう》の上《じょう》くらい。

弘《ひろ》樹《き》

（40歳《さい》）

成《なる》の父《ちち》。ＩＴ系《けい》デザイン企業《きぎょう》で代表《だいひょう》を務《つと》める。
仕事《しごと》の都合《つごう》で全国各地《ぜんこくかくち》へ出向《でむ》くため、不在《ふざい》になることも。

恵《めぐみ》
(38歳《さい》)

成《なる》の母《はは》。中小企業《ちゅうしょうきぎょう》で経理事務《けいりじむ》をしている。
家事《かじ》と育児《いくじ》、仕事《しごと》も両立《りょうりつ》する働《はたら》き者《もの》。
地域《ちいき》や学校行事《がっこうぎょうじ》などの係《かかり》も担《にな》う。

宙《そら》
(7歳《さい》)

成《なる》の妹《いもうと》。小学《しょうがく》1年生《ねんせい》。
ダンスを習《なら》っている。
お兄《にい》ちゃん大好《だいす》きっ子《こ》で、天真爛漫《てんしんらんまん》な性格《せいかく》。

裕樹《ゆうき》
(11歳《さい》)

成《なる》のいとこ。小学《しょうがく》5年生《ねんせい》。習《なら》い事《ごと》は塾《じゅく》とピアノ。
成《なる》の母親《ははおや》の妹《いもうと》の子《こ》ども。しっかり者《もの》で成績《せいせき》も優秀《ゆうしゅう》。
一人《ひとり》っ子《こ》であるため成《なる》たち兄妹《きょうだい》にうらやましさも感《かん》じている。

正美《まさみ》
(32歳《さい》)

恵《めぐみ》の妹《いもうと》。ファイナンシャルプランナーの資格《しかく》を持《も》ち、
現在《げんざい》はフリーライターとして働《はたら》く。近隣《きんりん》に住《す》んでいるため、
姉《あね》の家《いえ》をたびたび訪《おとず》れ、子《こ》どもたちの面倒《めんどう》を見《み》てくれる関係《かんけい》。

ジリリリリリ
ふぁ〜
カタッ
カタッ
いつもより20分《ぷん》早《はや》く会社《かいしゃ》に行《い》かなきゃいけないのよ〜！
僕《ぼく》が小学生《しょうがくせい》になるときお父《とう》さんとお母《かあ》さんは2人《ふたり》のお金《かね》を合《あ》わせて家《いえ》を買《か》ったんだ

ポコ
ポコ
おっ、気《き》が利《き》くな、ありがとう
お母《かあ》さん、今日《きょう》はおしゃれの日《ひ》？
いただきまーす

成《なる》が入《い》れるコーヒーは美味《おい》しいなあ
お店《みせ》で出《だ》せるぐらいよね
キラーン
そうだ、
起《き》業《ぎょう》してみたら？
えっ？
キギョー？

※目的《もくてき》を持《も》って行《おこな》う仕事《しごと》など

えっ？僕《ぼく》のお年玉《としだま》でコーヒー豆《まめ》を買《か》うの？
コーヒー1杯《ばい》いくらにするかは、よーく考《かんが》えてしっかり計算《けいさん》して決《き》めるんだここが大事《だいじ》！
お父《とう》さんがラクしてコーヒーを飲《の》みたいだけじゃないの？
美味《おい》しいコーヒーじゃないとお金《かね》は払《はら》わないよ それに、こんなものがあったらいいなとか、こんなことをしてくれたら助《たす》かるなというモノやサービスを提供《ていきょう》してその代《か》わりにお金《かね》をもらうのが仕事《しごと》というものだから

そうか……、
じゃあ、やってみる！
よし.
ゲームゲット〜！
ニヒヒッ
こうして、僕《ぼく》の
コーヒー屋《や》さんが始《はじ》まった

キラーン

第1章

お金《かね》って、なに？

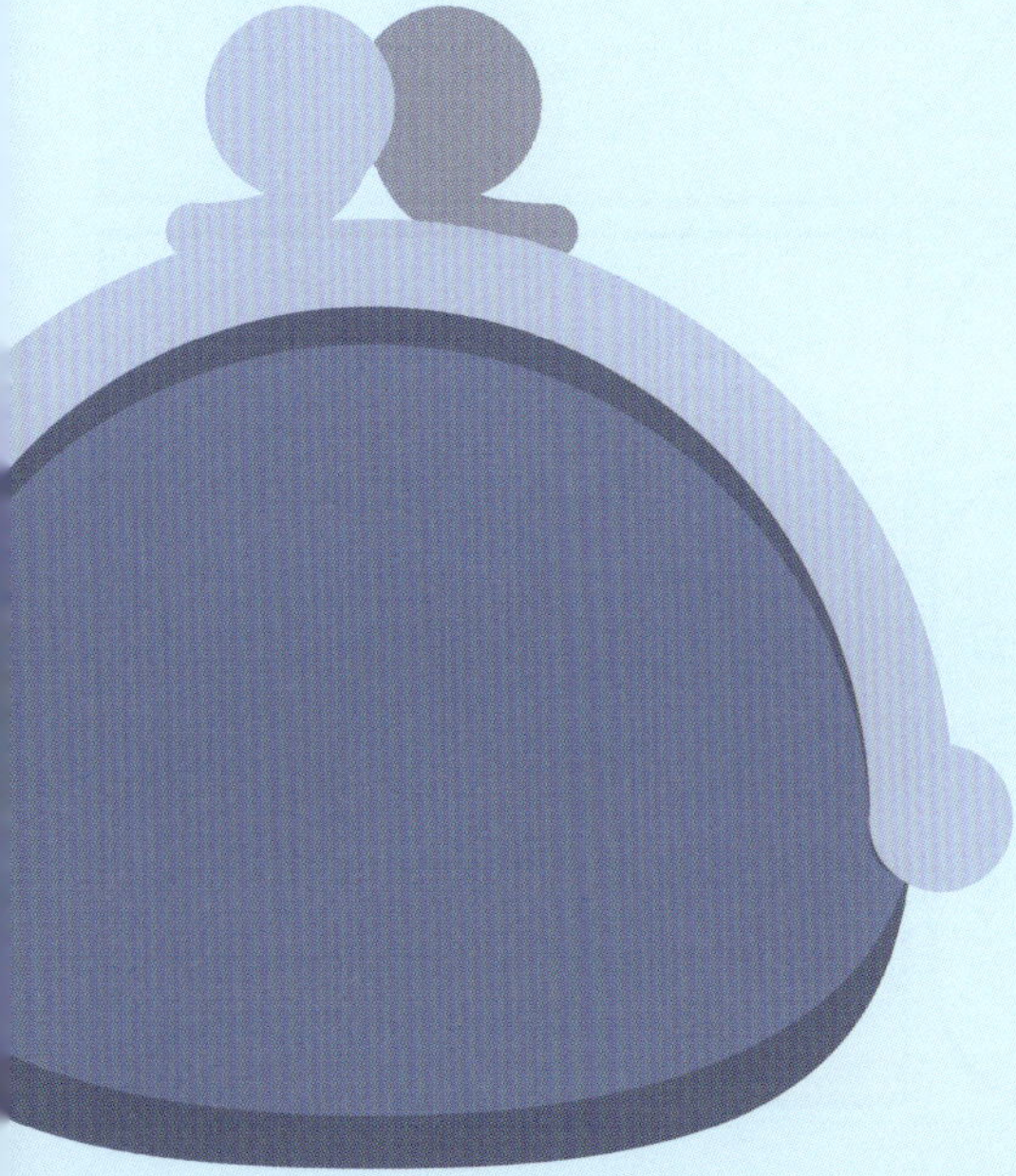

新学期《しんがっき》が始《はじ》まって
1か月《げつ》——
いってきまーす
お父《とう》さんは急《いそ》ぎの仕事《しごと》で
朝早《あさはや》くから事務所《じむしょ》に出《で》かけた
僕《ぼく》のサッカーの試合《しあい》があるのに
成《なる》、ゴメンね。
応援《おうえん》に行《い》く予定《よてい》だったけど、
どうしても片《かた》づけなきゃ
いけない仕事《しごと》があってね
仕事《しごと》かぁ、大人《おとな》は大変《たいへん》だね
いとこの裕樹君《ゆうきくん》が
応援《おうえん》に来《き》てくれるし、大丈夫《だいじょうぶ》
えっ、そうなの？
うん！
昨日《きのう》、お母《かあ》さんがね…
トゥルルル
明日《あす》、空《あ》いてる？
成《なる》のサッカーの試合《しあい》と
宙《そら》のダンスの発表会《はっぴょうかい》が
重《かさ》なってしまって
弘樹《ひろき》さんの代《か》わりに
成《なる》のサッカーの試合《しあい》に
付《つ》き添《そ》ってもらえないかしら

おじゃましまーす
裕樹君《ゆうきくん》、出《で》る時間《じかん》まで遊《あそ》ぼう
いいよ
これ、○○シリーズの新作《しんさく》、まだ持《も》ってないでしょ？一緒《いっしょ》にやろう
PLAY
すごい！このゲーム、欲《ほ》しかったんだ～
じゃあ私《わたし》たちは先《さき》に出《で》かけるからね
そろそろゲームは終《お》わりにしてね
私《わたし》たちも準備《じゅんび》して出《で》かけましょう

あー、楽《たの》しかった！
そっか お年玉《としだま》をはたいて買《か》った甲斐《かい》があったよ
えっ、自分《じぶん》のお年玉《としだま》で買《か》ったの？
えらいね 僕《ぼく》、お年玉《としだま》はほとんど貯金《ちょきん》したよ
1000
500
貯金《ちょきん》？ 欲《ほ》しいものがたくさんあって おこづかいやお年玉《としだま》をもらうと すぐに使《つか》ってしまって 貯金《ちょきん》なんて考《かんが》えたこともなかった
今年《ことし》のお年玉《としだま》も 少《すこ》ししか残《のこ》ってない こんなんじゃダメなのかな？

成君《なるくん》は貯金《ちょきん》いくら貯《た》まってる?
僕《ぼく》さぁ…
8万円《まんえん》
うーん…
えー、そんな大金《たいきん》?
大丈夫《だいじょうぶ》! 僕《ぼく》、もうすぐコーヒー屋《や》さんになってお金《かね》を稼《かせ》ぐんだから
今《いま》はお金《かね》持《も》ってないけど、ガンガン稼《かせ》いじゃうもんね

そういえば、前《まえ》に成君《なるくん》にコーヒーを入《い》れてもらったことがあったわね
美味《おい》しかったよ入《い》れ方《かた》、どうやって覚《おぼ》えたの？
お父《とう》さんが毎朝《まいあさ》、コーヒーを入《い》れるのを見《み》ていて、
見《み》よう見《み》まねで時々《ときどき》手伝《てつだ》っていたら合格《ごうかく》！って言《い》われたんだ
合格！
成君《なるくん》にはそんな特技《とくぎ》があったんだね
にぱぁ〜

コーヒー屋《や》さんねぇ
自分《じぶん》が得意《とくい》なことやできることをして誰《だれ》かの役《やく》に立《た》つ代《か》わりにお金《かね》をもらうのが仕事《しごと》なのよね
へぇ、そうなんだ

毎日《まいにち》の生活《せいかつ》に必要《ひつよう》なものや欲《ほ》しいものを全部《ぜんぶ》自分《じぶん》で作《つく》ったり用意《ようい》したりしていたら大変《たいへん》でしょそもそも無理《むり》よね。
教師《きょうし》
コンビニ店員《てんいん》
配達員《はいたついん》
清掃員《せいそういん》
だから、それぞれができることを仕事《しごと》として提供《ていきょう》してお金《かね》をもらって
そのお金《かね》で自分《じぶん》に必要《ひつよう》なものや欲《ほ》しいものやってもらいたいことを別《べつ》の人《ひと》の仕事《しごと》として買《か》う…
お金《かね》を間《あいだ》に挟《はさ》んでやりとりしているってことかしら

開店《かいてん》したらコーヒー飲《の》みに行《い》くね
僕《ぼく》、まだコーヒー飲《の》めないから、他《ほか》のメニューも考《かんが》えてよ
おお、思《おも》ったより高評価《こうひょうか》?
僕《ぼく》は、コーヒー屋《や》さんのお客《きゃく》は家族以外《かぞくいがい》にもいることを知《し》った

お金《かね》が間《あいだ》にあることで社《しゃ》会《かい》が回《まわ》る

お金《かね》は誰《だれ》かの役《やく》に立《た》った証《あかし》（対《たい》価《か》）

生活《せいかつ》に必要《ひつよう》なモノやサービスを手《て》に入《い》れるためにお金《かね》を払《はら》います。逆《ぎゃく》から見《み》れば、誰《だれ》かに必要《ひつよう》なモノやサービスを提供《ていきょう》して役《やく》に立《た》つことができればお金《かね》をもらえる可能性《かのうせい》があるということです。

モノやサービスには値段《ねだん》がついていて、提供《ていきょう》した人《ひと》や会社《かいしゃ》は対価《たいか》としてお金《かね》を受《う》け取《と》ります。人《ひと》が生活《せいかつ》するためのモノを作《つく》ったり、サービスを提供《ていきょう》したりすることを経済活動《けいざいかつどう》といい、大人《おとな》の多《おお》くは仕事《しごと》を通《とお》して経済活動《けいざいかつどう》をしています。

毎日《まいにち》の生活《せいかつ》にはいろいろな モノ が必要《ひつよう》

食品《しょくひん》、衣類《いるい》、靴《くつ》やバッグ、住宅《じゅうたく》、家具《かぐ》、冷蔵庫《れいぞうこ》などの家電《かでん》、本《ほん》、ノート、筆記用具《ひっきようぐ》、サッカーボール、車《くるま》、スマートフォン……

いろいろな サービス も利用《りよう》している

散髪《さんぱつ》、衣類《いるい》のクリーニング、郵便物《ゆうびんぶつ》や荷物《にもつ》を運《はこ》んでもらう、インターネットを利用《りよう》、スタジオで家族写真《かぞくしゃしん》を撮影《さつえい》、料理《りょうり》のデリバリー……

身近《みぢか》な大人《おとな》はどんな仕事《しごと》をしている？

成《なる》の父《ちち》 弘樹《ひろき》

インターネットサイトの制作《せいさく》などを行《おこな》う。

「完成したサイトの評判《ひょうばん》がよくて、イメージアップや売上増加《うりあげぞうか》につながって取《と》引先《ひきさき》に喜《よろこ》んでもらえたときはとても嬉《うれ》しいよ」

子《こ》どもの頃《ころ》から絵《え》を描《か》くのが得意《とくい》で、絵《え》のコンクールで入賞《にゅうしょう》したことも。美術系《びじゅつけい》の大《だい》学《がく》を卒業後《そつぎょうご》に広告代理店《こうこくだいりてん》に入社《にゅうしゃ》。会社員《かいしゃいん》として制作部門《せいさくぶもん》で働《はたら》いたのち退職《たいしょく》し、自分《じぶん》の事務所《じむしょ》を立《た》ち上《あ》げる。社員《しゃいん》も数名《すうめい》いる。

成《なる》の母《はは》 恵《めぐみ》

製造業《せいぞうぎょう》の会社《かいしゃ》の経理部《けいりぶ》で働《はたら》いている。会社《かいしゃ》のお金《かね》を管理《かんり》する。

「会社《かいしゃ》も社会《しゃかい》も細《こま》かい数字《すうじ》の積《つ》み重《かさ》ねで成《な》り立《た》っていると思《おも》うの。経理《けいり》は、給料《きゅうりょう》を確実《かくじつ》に払《はら》い、経営判断《けいえいはんだん》にも役立《やくだ》つ責任《せきにん》のある仕事《しごと》だから達成感《たっせいかん》があるわね」

高校生《こうこうせい》のときに母親《ははおや》が病気《びょうき》で長期入院《ちょうきにゅういん》。その間《かん》、家計管理《かけいかんり》や家事《かじ》をこなす。旅行《りょこう》が好《す》きだったので旅行会社《りょこうがいしゃ》に就職《しゅうしょく》したが、なぜか経《けい》理部《りぶ》に配属《はいぞく》される。結婚後《けっこんご》に、勤務時間《きんむじかん》に融《ゆう》通《ずう》がきく今《いま》の会社《かいしゃ》に転職《てんしょく》。

正美《まさみ》おばさん

金融機関《きんゆうきかん》などを取材《しゅざい》して、新聞社《しんぶんしゃ》や出版社《しゅっぱんしゃ》、インターネットサイトなどから依頼《いらい》された記事《きじ》を書《か》く。

「仕事《しごと》でいろいろな人《ひと》に会《あ》えて話《はなし》を聞《き》けるのがおもしろいの。書《か》いた記事《きじ》に反響《はんきょう》があるとやったー！って感《かん》じね」

大学卒業後《だいがくそつぎょうご》にIT系《けい》の会社《かいしゃ》に就職《しゅうしょく》。金融《きんゆう》や経済《けいざい》の記事《きじ》を作成《さくせい》する部署《ぶしょ》で数年間働《すうねんかんはたら》く。これをきっかけにお金《かね》に興味《きょうみ》を持《も》ちファイナンシャルプランナー資格《しかく》を取得《しゅとく》。30歳《さい》を機《き》に会社《かいしゃ》を退職《たいしょく》して現在《げんざい》はフリーランスで働《はたら》いている。

いとこの裕樹君《ゆうきくん》の父《ちち》 **公立高校《こうりつこうこう》の教師《きょうし》**

「授業《じゅぎょう》で教《おし》える以外《いがい》にもたくさん仕事《しごと》があって、とにかく忙《いそが》しいよ。でも、生《せい》徒《と》の成長《せいちょう》を目《め》にすると、教師《きょうし》になってよかったと思《おも》うかな」

歴史《れきし》が好《す》きだったことから高校《こうこう》の社会科《しゃかいか》の教師《きょうし》に。小中高《しょうちゅうこう》とテニスをしていたことからテニス部《ぶ》の顧問《こもん》も務《つと》める。

隣《となり》の家《いえ》に住《す》む人《ひと》 **介護施設《かいごしせつ》の職員《しょくいん》**

「介護《かいご》を必要《ひつよう》とする高齢者《こうれいしゃ》が増《ふ》えていることを実感《じっかん》するし、本人《ほんにん》はもちろん家族《かぞく》の役《やく》にも立《た》っていると思《おも》うとやりがいを感《かん》じるわね」

看護系《かんごけい》の学校《がっこう》を卒業後《そつぎょうご》、看護師《かんごし》として病院《びょういん》に勤務《きんむ》。その後《ご》、試験《しけん》や研修《けんしゅう》を経《へ》て、現在《げんざい》はケアマネジャーとして介護施設《かいごしせつ》で働《はたら》く。

お金《かね》を払《はら》うことで他《ほか》の商品《しょうひん》・サービスを手《て》に入《い》れられる

……… 意思《いし》が一致《いっち》 ……… 売《う》り手《て》

- モノやサービスを渡《わた》す義務《ぎむ》
- お金《かね》を受《う》け取《と》る権利《けんり》

買《か》い物《もの》は「契約《けいやく》」、大人《おとな》も子《こ》どもも「消費者《しょうひしゃ》」

コンビニエンスストアで飲《の》み物《もの》を買《か》ったり、電車《でんしゃ》やバスに乗《の》ったり、日々《ひび》の行《こう》動《どう》の中《なか》にはいくつもの「契約《けいやく》」があります。ケイヤク？　そんな堅苦《かたくる》しいことをしているつもりはないけど……」と思《おも》いますか？**契約《けいやく》は、「買《か》いたい」「売《う》りたい」という意思《いし》が一致《いっち》すれば成《な》り立《た》ちます。**だから、例《たと》えばお店《みせ》で「これください」「はい200円《えん》ね」という会話《かいわ》が交《か》わされたときに成立《せいりつ》し、商品《しょうひん》とお金《かね》が交《こう》換《かん》されると、契約《けいやく》にもとづきそれぞれの義務《ぎむ》を果《は》たしたことになります。**契約《けいやく》は「責任《せきにん》が生《しょう》じる約束《やくそく》」**のことです。後《あと》でトラブルにならないように契《けい》

買《か》い手《て》……

- モノやサービスを受《う》け取《と》る権利《けんり》
- お金《かね》を払《はら》う義務《ぎむ》

約《やく》の内容《ないよう》を記録《きろく》しておくのが契約書《けいやくしょ》です。ただし、口約束《くちやくそく》でも契約《けいやく》は成《な》り立《た》ちます。そして、お金《かね》を払《はら》ってモノやサービスを購入《こうにゅう》する人《ひと》（＝個人《こじん》）を消費者《しょうひしゃ》といいます。子《こ》どもも、買《か》い物《もの》などで契約《けいやく》をし、消費者《しょうひしゃ》として生活《せいかつ》しているのです。

未成年者《みせいねんしゃ》の契約《けいやく》は後《あと》から取《と》り消《け》せることも

口約束《くちやくそく》でも契約《けいやく》が成《な》り立《た》ち権利《けんり》と義務《ぎむ》が生《しょう》じることに不安《ふあん》を感《かん》じたかもしれません。生活《せいかつ》に大《おお》きな影《えい》響《きょう》がある契約《けいやく》をうっかりしてしまったら……。未成《みせい》年《ねん》（18歳《さい》未満《みまん》）の場合《ばあい》は、いくつかの条件《じょうけん》を満《み》たせば本人《ほんにん》や親権者《しんけんしゃ》が契約《けいやく》を取《と》り消《け》せる「未成年者契約《みせいねんしゃけいやく》の取消《とりけ》し」が法律《ほうりつ》で認《みと》められています。とはいえ、お金《かね》を払《はら》うときにはしっかり考《かんが》えること。18歳《さい》になったらもう自分《じぶん》の責任《せきにん》となり取《と》り消《け》しはできません。

会社《かいしゃ》もいろいろな契約《けいやく》をしている

買《か》い物《もの》の契約《けいやく》は、人《ひと》（＝消費者《しょうひしゃ》）と会社《かいしゃ》の間《あいだ》で行《おこな》われることが一般的《いっぱんてき》ですが、消費者《しょうひしゃ》にモノやサービスを提供《ていきょう》する会社《かいしゃ》も、他《ほか》の会社《かいしゃ》といろいろな契約《けいやく》をします。例《たと》えば、モノやサービスを作《つく》るために他《ほか》の会《かい》社《しゃ》から材料《ざいりょう》を仕入《しい》れる、機械《きかい》を借《か》りる、必要《ひつよう》なサービスを利用《りよう》するなど。会社《かいしゃ》と会社《かいしゃ》で契約《けいやく》し、契約《けいやく》にもとづきモノやサービスとお金《かね》を交換《こうかん》します。

現《げん》代《だい》社《しゃ》会《かい》は世《せ》界《かい》的《てき》な分《ぶん》業《ぎょう》体《たい》制《せい》

人《ひと》も会社《かいしゃ》も、自分《じぶん》に必要《ひつよう》ななにもかもを自分《じぶん》で用意《ようい》することはできないので、お金《かね》で他《ほか》の人《ひと》や会社《かいしゃ》からモノやサービスを買《か》う、つまり**分業《ぶんぎょう》することで助《たす》け合《あ》いながら生活《せいかつ》や仕事《しごと》をしている**のです。社《しゃ》会《かい》の発展《はってん》により分業《ぶんぎょう》の種類《しゅるい》が増《ふ》え、人《ひと》やモノや情報《じょうほう》が容易《ようい》に国境《こっきょう》を越《こ》えられる現《げん》代社会《だいしゃかい》では、**日本《にほん》の中《なか》だけではなく世界《せかい》単位《たんい》で分業《ぶんぎょう》が行《おこな》われています。**

他《ほか》にも
コーヒー豆《まめ》を保管《ほかん》する倉庫会社《そうこがいしゃ》、
コーヒーを入《い》れる道具《どうぐ》を作《つく》る会社《かいしゃ》（人《ひと》）など
たくさんの会社《かいしゃ》や人《ひと》が関《かか》わっている

仕事《しごと》にはどんな種類《しゅるい》がある?

分業《ぶんぎょう》により人《ひと》や会社《かいしゃ》はそれぞれの仕事《しごと》＝経済活動《けいざいかつどう》を行《おこな》っています。どんな仕事《しごと》があるのでしょうか。日本《にほん》では左《ひだり》の表《ひょう》のように分類《ぶんるい》されています。

社会《しゃかい》にはいろいろな仕事《しごと》＝ **産業《さんぎょう》** がある

分類《ぶんるい》	主《おも》な仕事《しごと》の内容《ないよう》
農業《のうぎょう》、林業《りんぎょう》	米《こめ》や野菜《やさい》などの農作物《のうさくもつ》を作《つく》る、森林《しんりん》を育成《いくせい》し管理《かんり》する
漁業《ぎょぎょう》	魚介類《ぎょかいるい》を取《と》る、養殖《ようしょく》する
建設業《けんせつぎょう》	建築物《けんちくぶつ》を作《つく》る、関連《かんれん》する工事《こうじ》を行《おこな》う
製造業《せいぞうぎょう》	食料品《しょくりょうひん》、衣料品《いりょうひん》、電子部品《でんしぶひん》、自動車《じどうしゃ》など さまざまなモノを作《つく》る
電気《でんき》・ガス・ 熱供給《ねつきょうきゅう》・水道業《すいどうぎょう》	発電《はつでん》・ガス製造《せいぞう》を行《おこな》い供給《きょうきゅう》する、 上下水道《じょうげすいどう》を維持管理《いじかんり》する
情報通信業《じょうほうつうしんぎょう》	テレビやラジオの放送《ほうそう》、新聞《しんぶん》・出版《しゅっぱん》・ 広告《こうこく》の制作《せいさく》など
運輸業《うんゆぎょう》、郵便業《ゆうびんぎょう》	鉄道《てつどう》や航空便《こうくうびん》を運行《うんこう》、運輸関連《うんゆかんれん》のサービス、 郵便物《ゆうびんぶつ》の配達《はいたつ》など
卸売業《おろしうりぎょう》、小売業《こうりぎょう》	製品《せいひん》を仕入《しい》れて店《みせ》に卸《おろ》す、消費者《しょうひしゃ》に販売《はんばい》する
金融業《きんゆうぎょう》、保険業《ほけんぎょう》	お金《かね》を預《あず》かる、貸《か》す、金融商品《きんゆうしょうひん》の仲介《ちゅうかい》、 保険商品《ほけんしょうひん》の提供《ていきょう》など
不動産業《ふどうさんぎょう》、物品賃貸業《ぶっぴんちんたいぎょう》	土地《とち》や建物《たてもの》の売《う》り買《か》い、賃貸《ちんたい》・管理《かんり》、仲介《ちゅうかい》、 機械《きかい》などの賃貸《ちんたい》
学術研究《がくじゅつけんきゅう》、 専門《せんもん》・技術《ぎじゅつ》サービス業《ぎょう》	研究所《けんきゅうじょ》、法律《ほうりつ》・会計《かいけい》・社会保険事務所《しゃかいほけんじむしょ》、 デザイン・著述《ちょじゅつ》、翻訳《ほんやく》など
宿泊業《しゅくはくぎょう》、 飲食《いんしょく》サービス業《ぎょう》	ホテル、旅館《りょかん》、飲食店《いんしょくてん》、持《も》ち帰《かえ》り飲食《いんしょく》サービスなど
生活関連《せいかつかんれん》サービス業《ぎょう》、 娯楽業《ごらくぎょう》	美容《びよう》、旅行《りょこう》、家事《かじ》サービス、映画館《えいがかん》、スポーツ施設《しせつ》、 遊園地《ゆうえんち》など
教育《きょういく》、学習支援業《がくしゅうしえんぎょう》	幼稚園《ようちえん》、小中高《しょうちゅうこう》、大学《だいがく》、塾《じゅく》、図書館《としょかん》、美術館《びじゅつかん》など
医療《いりょう》、福祉《ふくし》	病院《びょういん》、診療所《しんりょうじょ》、保健所《ほけんじょ》、福祉事務所《ふくしじむしょ》、介護施設《かいごしせつ》など

総務省《そうむしょう》の産業分類《さんぎょうぶんるい》をもとに筆者《ひっしゃ》が作成《さくせい》。出典《しゅってん》：総務省《そうむしょう》｜統計基準等《とうけいきじゅんとう》｜日本標準産業分類《にほんひょうじゅんさんぎょうぶんるい》

まとめ

「社会《しゃかい》にはたくさんの人《ひと》がいて仕事《しごと》があり、お金《かね》があることでモノやサービスとの交換《こうかん》がスムーズにできる」

第2章

お金《かね》を手《て》に入《い》れるには？

土曜日《どようび》の午後《ごご》
いらっしゃいませー
coffee ブルーム
いつもありがとうございます
coffee ブルーム
今日《きょう》は、コーヒー豆《まめ》を仕入《しい》れるため お父《とう》さんと一緒《いっしょ》に お父《とう》さん行《い》きつけのカフェに来《き》た
コーヒーの香《かお》りと きれいなケーキ ……美味《おい》しそうだ
じゅる
いつもの豆《まめ》で よろしいですか？
そうですね いつもの豆《まめ》を 250グラム お願《ねが》いします

お父《とう》さんもお母《かあ》さんも
今一番《いまいちばん》気《き》に入《い》っているのが
この豆《まめ》だから、
これで入《い》れてほしいんだ
100g/800円《えん》
キリマンジャロ
チラッ
100g/800円《えん》
キリマンジャロ
なにー？
１００グラム８００円《えん》！
ということは
２５０グラムで
えっとー……
ありがとうございます
２０００円《えん》でございます
ぎゅっ
スッ

ただいまー
よし、じゃあ始《はじ》めようか
道具《どうぐ》は今《いま》使《つか》っているものを貸《か》すよ
そうか、これまであまり意識《いしき》していなかったけどコーヒー1杯《ばい》入《い》れるにもいろいろな道具《どうぐ》が必要《ひつよう》だ
う〜ん
何《なに》も持《も》っていないところから始《はじ》めるなら道具《どうぐ》を揃《そろ》えるお金《かね》もかかるってことか
はい。これ

今日《きょう》から、このノートに記録《きろく》をとっていこう　仕入《しい》れた豆《まめ》の代金《だいきん》、売上《うりあげ》…
月　日
代《だい》金《きん》
売《うり》上《あげ》
その前《まえ》に、コーヒー１杯《ぱい》いくらにするかを決《き》めなきゃいけないね
コーヒー１杯《ぱい》の値段《ねだん》？
豆《まめ》は２５０グラムある。家《いえ》では大《おお》きめのマグカップで飲《の》むから
コーヒー１杯《ぱい》入れるのに豆《まめ》も多《おお》めの15グラムを使《つか》っているんだ。何杯作《なんはいつく》れる？
250÷15＝16.6666…
２５０グラムを15グラムで割《わ》ると16・６６６６…
割《わ》り切《き》れないよ　とりあえず16杯《ぱい》にしておこう

２５０グラムの豆《まめ》を２０００円《えん》で買《か》って16杯《ばい》のコーヒーになるということは２０００円《えん》割《わ》る16杯《ばい》で１２５円《えん》
250÷15=16.6…
2000÷16=125
1杯《ばい》あたり125円《えん》
１杯《ばい》の豆代《まめだい》は１２５円《えん》だ これより高《たか》く売《う》らないと儲《もう》からないってことだ
150－125
=25
じゃあ、１５０円《えん》にする？ １５０円《えん》引《ひ》く１２５円《えん》で25円《えん》 僕《ぼく》の仕事《しごと》の値段《ねだん》は コーヒー１杯《ばい》入《い》れて25円《えん》？
いやいや、それは安《やす》すぎだろ？
じゃあ２００円《えん》？ すると儲《もう》けは75円《えん》
２００円《えん》で買《か》ってくれるかな？
もやもや
お湯《ゆ》を用意《ようい》して コーヒー豆《まめ》を量《はか》って挽《ひ》いて コーヒーを入《い》れて テーブルに運《はこ》ぶ
飲《の》み終《お》わったら カップと道具《どうぐ》を 洗《あら》って片《かた》づける ところまでだよ

テーブルまで運《はこ》ぶのは任《まか》せて。1回《かい》50円《えん》でいいよ
おいおい、運《はこ》ぶのに50円《えん》も払《はら》ったら僕《ぼく》の儲《もう》けが減《へ》っちゃうよ
それから…、わかっているかな?
コーヒー屋《や》さんを続《つづ》けていくには、豆《まめ》が無《な》くなったら、新《あたら》しい豆《まめ》をまた仕入《しい》れなきゃいけないから、そのお金《かね》は取《と》っておかないといけないよ
そうか、売上《うりあげ》を全部《ぜんぶ》使《つか》っちゃダメなんだ お金儲《かねもう》けってそう簡単《かんたん》じゃない
う〜ん
1杯《ぱい》250円《えん》でどう? 買《か》ってもらえる?
買《か》うわ
買《か》うよ

よし！
次《つぎ》は売上《うりあげ》の予定《よてい》を書《か》いてみよう
1杯《ぱい》２５０円《えん》のコーヒーを16杯《ぱい》売《う》ったら
２５０円《えん》×16杯《ぱい》で４０００円《えん》
売上《うりあげ》は４０００円《えん》だ
250 × 16
= 4000
売上《うりあげ》 4000円《えん》
4000 − 2000
= 2000
利益《りえき》 2000円《えん》
豆《まめ》の仕入《しい》れに２０００円《えん》使《つか》ったから
４０００円《えん》引《ひ》く２０００円《えん》で２０００円《えん》
利益《りえき》は２０００円《えん》だ
2000 × 5
= 10000
そして、４０００円《えん》の売上《うりあげ》から
２０００円《えん》でまた豆《まめ》を仕入《しい》れると
２０００円《えん》が手元《てもと》に残《のこ》る
これを繰《く》り返《かえ》していくと…
２０００円《えん》の利益《りえき》がどんどん貯《た》まっていく？
5回《かい》繰《く》り返《かえ》したら…
２０００円《えん》×5回《かい》で…
えっ？　1万円《まんえん》！
起業《きぎょう》ってすごいよ

ところが……結局《けっきょく》、売上《うりあげ》は12杯分《はいぶん》の3000円《えん》だった
反省《はんせい》…
3日《か》前《まえ》
ん？ 今日《きょう》のコーヒーはなんだか薄《うす》いなぁ
それに、ぬるいんだけど…
これじゃあ美味《おい》しくないから飲《の》めないわ
あれ？豆《まめ》の量《りょう》かお湯《ゆ》の温度《おんど》を間違《まちが》えちゃったみたいだ
利益《りえき》の2000円《えん》で何《なに》を買《か》おうかって考《かんが》えながらうわの空《そら》だったから…
ゴメンゴメン、入《い》れ直《なお》すねなにせ僕《ぼく》のコーヒー屋《や》さんは美味《おい》しいのが取《と》り柄《え》だから
ゆら
ジャララ
3000円《えん》の売上《うりあげ》から2000円《えん》の仕入《しい》れを引《ひ》くと利益《りえき》は予定《よてい》の半分《はんぶん》の1000円《えん》だ
トホホ

次《つぎ》の日《ひ》
こんにちは〜
coffee
ブルーム
先日《せんじつ》はありがとうございました
成君《なるくん》ですね？
いつもの豆《まめ》でよろしいですか？
えっとー
キョロキョロ
100g/900
100g/800円《えん》
100g/600円《えん》
00/780円《えん》
豆《まめ》によって値段《ねだん》が違《ちが》うんですか？
そうです
産地《さんち》や味《あじ》わいが違《ちが》うので
値段《ねだん》も異《こと》なります

安《やす》い豆《まめ》にしたら、もっと儲《もう》かる…
でも、お父《とう》さんはこの豆《まめ》が気《き》に入《い》っていると言《い》っていた
結局《けっきょく》、僕《ぼく》はこの間《あいだ》と同《おな》じ豆《まめ》を買《か》った
酒
スーパーマーケット
同《おな》じ250グラムで1500円《えん》。500円《えん》も安《やす》い!
250g 1500円
う〜ん…
こっそり、こっちにしたらばれるかなぁ? そんなに味《あじ》って違《ちが》うの?
250g 1500円
スッ
いや、ごまかしはやっぱりダメだ家《いえ》に帰《かえ》ったらお父《とう》さんに相談《そうだん》してみよう
出《で》口《ぐち》

信頼《しんらい》で成《な》り立《た》つ仕事《しごと》とお金《かね》の交換《こうかん》

お金《かね》を稼《かせ》ぐ方法《ほうほう》❶ モノやサービスを作《つく》る

誰《だれ》のために何《なに》を作《つく》る?

お金《かね》を稼《かせ》ぐためにモノやサービスを作《つく》るなら、まずは誰《だれ》に向《む》けて何《なに》を作《つく》るかを考《かんが》えます。例《たと》えば32ページの表《ひょう》で紹介《しょうかい》した製造業《せいぞうぎょう》はさらに次《つぎ》のように細《こま》かく分類《ぶんるい》されています。パン・菓子《かし》製造業《せいぞうぎょう》、茶《ちゃ》・コーヒー製造業《せいぞうぎょう》、外衣《がいい》・シャツ製造業《せいぞうぎょう》、家具《かぐ》製造業《せいぞうぎょう》、医薬品《いやくひん》製造業《せいぞうぎょう》、かばん製造業《せいぞうぎょう》、自動車《じどうしゃ》・同附属品《どうふぞくひん》製造業《せいぞうぎょう》、楽器《がっき》製造業《せいぞうぎょう》……など。では、モノではなくサービスを提供《ていきょう》するとしたらどんなサービスを作《つく》りますか。例《たと》えば飲食《いんしょく》サービス業《ぎょう》には、食堂《しょくどう》、レストラン、そば・うどん店《てん》、喫茶店《きっさてん》など。生活《せいかつ》関連《かんれん》サービス業《ぎょう》には、旅行業《りょこうぎょう》、冠婚葬祭業《かんこんそうさいぎょう》などがあります。大《おお》きな分類《ぶんるい》ではサービス業《ぎょう》に入《はい》っていない仕事《しごと》の中《なか》にもサービスの要素《ようそ》を含《ふく》むものがあります。例《たと》えば情報通信業《じょうほうつうしんぎょう》の中《なか》のインターネット付随《ふずい》サービス業《ぎょう》など。モノやサービスを作《つく》る側《がわ》ではなく、**利用《りよう》する側《がわ》の消費者《しょうひしゃ》として考《かんが》えてみる方法《ほうほう》もあります。**お金《かね》を払《はら》ってでも欲《ほ》しいと思《おも》うものはありませんか。

また、**モノやサービスを提供《ていきょう》する相手《あいて》は消費者《しょうひしゃ》だけではありません。会社《かいしゃ》も対象《たいしょう》になります。**例《たと》えば業務用《ぎょうむよう》機械器具《きかいきぐ》製造業《せいぞうぎょう》や経営《けいえい》コンサルタント業《ぎょう》など。

多《おお》くの人《ひと》が使《つか》っているスマートフォンは生活《せいかつ》に欠《か》かせない道具《どうぐ》のひとつですが、かつては存在《そんざい》しませんでした。逆《ぎゃく》に以前《いぜん》はあったけれど、なくなってしまったモノやサービスもあります。大人《おとな》になる頃《ころ》には想像《そうぞう》もしなかったモノやサービスが登場《とうじょう》しているかもしれませんね。

お金《かね》を稼《かせ》ぐには、先《さき》にお金《かね》が必要《ひつよう》?

こんなモノやサービスを作《つく》ろうと決《き》めた後《あと》、一人《ひとり》でも実行《じっこう》できるかもしれませんが、協力《きょうりょく》してくれる人《ひと》がいるとスムーズにいきそうです。ただし人《ひと》を雇《やと》ったら仕事《しごと》の対価《たいか》として給与《きゅうよ》を支払《しはら》うことになります。また、作《つく》るのに材料《ざいりょう》や道《どう》具《ぐ》、さらに技術《ぎじゅつ》が必要《ひつよう》なケースもあるでしょう。始《はじ》める前《まえ》に揃《そろ》えなければならないものが出《で》てきます。これらを調達《ちょうたつ》して準備《じゅんび》するには、お金《かね》が必要《ひつよう》です。

お金《かね》を稼《かせ》ぐには、その前《まえ》にお金《かね》が必要《ひつよう》だということ。最低限《さいていげん》、何《なに》が必要《ひつよう》でいくらかかるかを計算《けいさん》しましょう。

お金《かね》を稼《かせ》ぐ方法《ほうほう》❷ モノやサービスを売《う》る

売《う》るための作業《さぎょう》を分担《ぶんたん》する

売《う》るために作《つく》ったモノやサービスを**「商品《しょうひん》」**と言《い》います。**商品《しょうひん》が売《う》れて初《はじ》めてお金《かね》を稼《かせ》げます。**そもそも最初《さいしょ》にお金《かね》を使《つか》っているので、いくらでどれくらい売《う》れば使《つか》ったお金《かね》を回収《かいしゅう》して利益《りえき》を出《だ》せるのか、計算《けいさん》して商品《しょうひん》の値段《ねだん》や作《つく》る数《かず》を決《き》めます。その際《さい》、付《つ》けた値段《ねだん》で実際《じっさい》に買《か》ってもらえそうかどうかも考《かんが》えます。

また、ただ待《ま》っているだけでは売《う》れないかもしれません。商品《しょうひん》を知《し》ってもらうために広告《こうこく》を出《だ》す、営業《えいぎょう》するなども検討《けんとう》したほうがいいでしょう。商品《しょうひん》を作《つく》って売《う》れるまでには、いろいろとやらなければならないことがあります。

働《はたら》く大人《おとな》の約《やく》9割《わり》は会社《かいしゃ》などに属《ぞく》して仕事《しごと》をしています。会社《かいしゃ》にはいろいろな部署《ぶしょ》があり、その会《かい》社《しゃ》の商品《しょうひん》を作《つく》って売《う》るための仕事《しごと》を分担《ぶんたん》しています。

〈 会社《かいしゃ》の部署《ぶしょ》の例《れい》 〉

開発部《かいはつぶ》	アイディアなどをもとに商品化《しょうひんか》を行《おこな》う
製造部《せいぞうぶ》	販売《はんばい》する商品《しょうひん》を作《つく》る
営業部《えいぎょうぶ》	買《か》ってくれそうな相手《あいて》に商品《しょうひん》を提案《ていあん》し購入《こうにゅう》を促《うなが》す
広報部《こうほうぶ》	社外《しゃがい》に商品《しょうひん》や経営方針《けいえいほうしん》などを知《し》らせる
宣伝部《せんでんぶ》	商品《しょうひん》の広告《こうこく》を作《つく》って発信《はっしん》する
財務《ざいむ》・経理部《けいりぶ》	お金《かね》の流《なが》れを管理《かんり》する
総務部《そうむぶ》	他部署《たぶしょ》で扱《あつか》わない業務《ぎょうむ》を行《おこな》う

会社《かいしゃ》が作《つく》るモノやサービスにより、どんな部署《ぶしょ》があるかは異《こと》なります。

買《か》ってもらうには信頼《しんらい》が大事《だいじ》

商品《しょうひん》によっては、提供《ていきょう》するのに資格《しかく》が必要《ひつよう》だったり、国《くに》や自治体《じちたい》に許可《きょか》や届《とど》け出《で》が必要《ひつよう》だったりします。

例《たと》えば、専門《せんもん》サービス業《ぎょう》である弁護士《べんごし》として働《はたら》くには司法試験《しほうしけん》に合格《ごうかく》して弁護士《べんごし》の資格《しかく》を取《と》る必要《ひつよう》があります。不動産業《ふどうさんぎょう》では宅地建物取引士《たくちたてものとりひきし》の資格《しかく》が必要《ひつよう》です。金融機関《きんゆうきかん》は国《くに》の認可《にんか》や届《とど》け出《で》のもとで営業《えいぎょう》しています。そういった規則《きそく》を守《まも》っていることは必須《ひっす》です。さらにちゃんと作《つく》られているかどうかも重要《じゅうよう》です。例《たと》えば食品《しょくひん》なら、清潔《せいけつ》な場所《ばしょ》で適切《てきせつ》な材料《ざいりょう》を使《つか》って作《つく》っているものでなければ不安《ふあん》ですね。消費者《しょうひしゃ》は、規則《きそく》を守《まも》ってちゃんと作《つく》られているに違《ちが》いないと信頼《しんらい》して商品《しょうひん》を買《か》います。

もしも似《に》たような商品《しょうひん》が売《う》られていたら、つまり競争相手《きょうそうあいて》がいたら、自分《じぶん》の商品《しょうひん》を買《か》ってもらうにはどうしますか？ 独自《どくじ》の技術《ぎじゅつ》を使《つか》っているなどの特徴《とくちょう》があればそれを強調《きょうちょう》できますね。

商品《しょうひん》を売《う》るには、ちゃんと作《つく》ることは当然《とうぜん》として、特徴《とくちょう》をしっかり伝《つた》える、買《か》ってくれそうな人《ひと》に宣伝《せんでん》するなどの戦略《せんりゃく》も重要《じゅうよう》です。

よさそうだと思《おも》って買《か》ってみたら予想通《よそうどお》りだった、そうすると消費者《しょうひしゃ》はまた買《か》おうと思《おも》うでしょう。だんだんと商品《しょうひん》が知《し》られて信頼感《しんらいかん》が高《たか》まり、売《う》れ行《ゆ》きが安定《あんてい》していきます。

お金《かね》をもらう　給与《きゅうよ》やおこづかいの仕組《しく》み

会社《かいしゃ》の収入《しゅうにゅう》から給与《きゅうよ》をもらう

お金《かね》を稼《かせ》ぐためにモノやサービスを自分《じぶん》で作《つく》るところから始《はじ》めるのはなかなか大変《たいへん》です。最初《さいしょ》にお金《かね》が必《ひつ》要《よう》だし、軌道《きどう》に乗《の》るまでには時間《じかん》がかかりそうです。必《かなら》ずうまくいく保《ほ》証《しょう》もありません。最初《さいしょ》の段階《だんかい》を乗《の》り越《こ》えて、お金《かね》を稼《かせ》ぐための形《かたち》ができているのが、すでにある会社《かいしゃ》やお店《みせ》です。大人《おとな》の多《おお》くは、そういった会《かい》社《しゃ》などで働《はたら》いています。そして、会《かい》社《しゃ》が稼《かせ》いだお金《かね》＝会社《かいしゃ》の収入《しゅうにゅう》から給《きゅう》与《よ》をもらっているのです。

〈 会社《かいしゃ》やお店《みせ》のお金《かね》　会社《かいしゃ》の収入《しゅうにゅう》から給与《きゅうよ》をもらう 〉

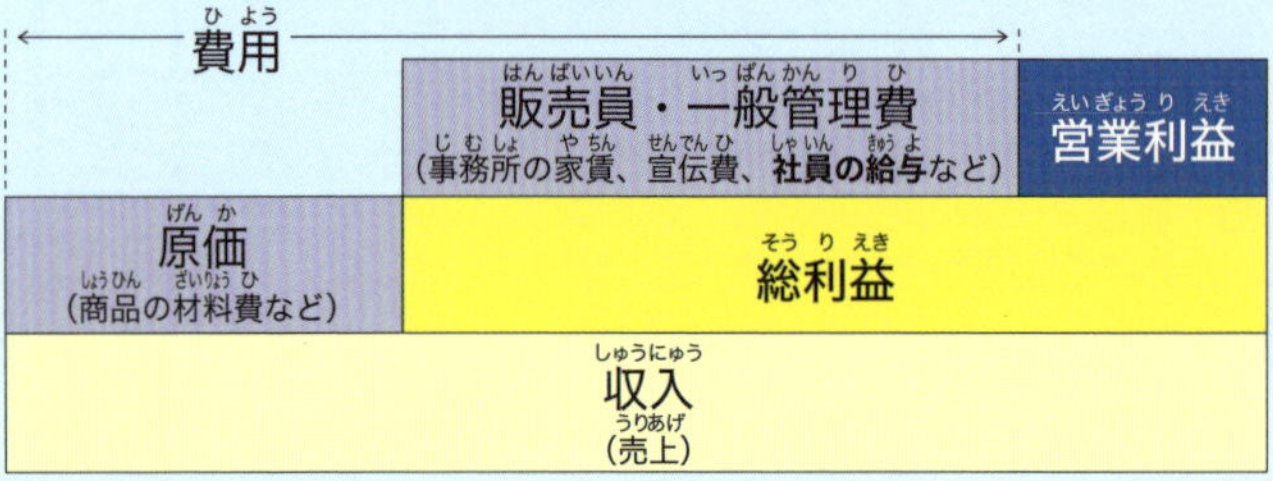

収入《しゅうにゅう》（売上《うりあげ》）よりも費用《ひよう》が多《おお》いと、お金《かね》を稼《かせ》ぐどころか赤字《あかじ》になります。必要《ひつよう》な費用《ひよう》をまかなえるだけの収入《しゅうにゅう》（売上《うりあげ》）を確保《かくほ》することはとても重《じゅう》要《よう》です。お金《かね》が残《のこ》って黒字《くろじ》になれば、それが利益《りえき》。利益《りえき》からは税金《ぜいきん》を払《はら》い、貯《た》めておくだけではなく今後《こんご》のための研究費《けんきゅうひ》や新《あたら》しい機械《きかい》を購《こう》入《にゅう》する場合《ばあい》などにも使《つか》います。

〈 家《いえ》のお金《かね》　家《いえ》の収入《しゅうにゅう》からおこづかいをもらう 〉

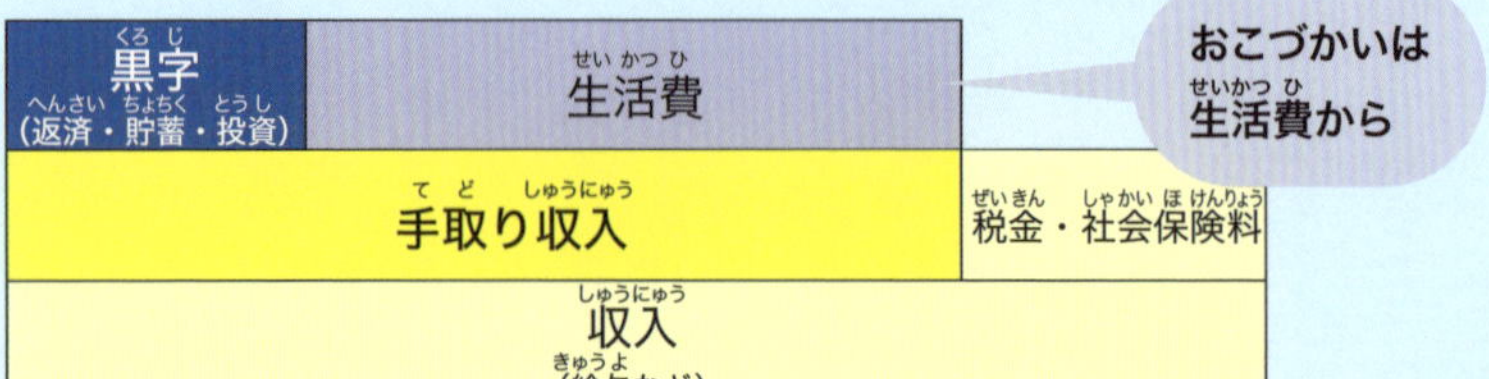

自分《じぶん》で始《はじ》めても、会社《かいしゃ》でも、商品《しょうひん》を売《う》ってお金《かね》を稼《かせ》ぐときのお金《かね》の流《なが》れは、大《おお》まかに次《つぎ》のようになります。収入《しゅうにゅう》（売上《うりあげ》）から商品《しょうひん》を作《つく》るための材料費《ざいりょうひ》などを引《ひ》いた残《のこ》りが儲《もう》け（＝利益《りえき》）ですが、商品《しょうひん》を作《つく》って売《う》るには材料費《ざいりょうひ》以外《いがい》にもお金《かね》がかかります。それらの費用《ひよう》も引《ひ》いたものが実際《じっさい》の利益《りえき》。社員《しゃいん》に払《はら》う**給与《きゅうよ》は会社《かいしゃ》にとっては費用《ひよう》の一部《いちぶ》**です。

家《いえ》の収入《しゅうにゅう》から おこづかいをもらう

定期的《ていきてき》におこづかいをもらっていますか？　それとも必要《ひつよう》なものや欲《ほ》しいものはその都度《つど》買《か》ってもらいますか。子《こ》どもにおこづかいを渡《わた》すかどうかは、その家《いえ》の考《かんが》え方《かた》によります。どちらの場合《ばあい》も家《いえ》の収入《しゅうにゅう》から家族《かぞく》の生活費《せいかつひ》を払《はら》っていて、おこづかいは生活費《せいかつひ》の中《なか》に含《ふく》まれています。

家《いえ》に収入《しゅうにゅう》があるのは、家族《かぞく》の誰《だれ》かが働《はたら》いているからですね（家族《かぞく》の年齢《ねんれい》によっては年金収入《ねんきんしゅうにゅう》の場合《ばあい》もあります）。

第《だい》1章《しょう》でも見《み》た通《とお》りいろいろな仕事《しごと》があります。そして、会社《かいしゃ》やお店《みせ》の収入《しゅうにゅう》からお金《かね》をもらうときの立場《たちば》はいくつかあります。

まず、経営《けいえい》する立場《たちば》か、雇《やと》われている立場《たちば》か。経営《けいえい》する立場《たちば》は、その会社《かいしゃ》やお店《みせ》を自分《じぶん》で始《はじ》めた人《ひと》や、最初《さいしょ》は雇《やと》われていたけれどその後《ご》経営《けいえい》する立場《たちば》になった人《ひと》。経営《けいえい》する立場《たちば》の人《ひと》がもらうお金《かね》は給与《きゅうよ》ではなく**報酬《ほうしゅう》**と呼《よ》ばれます。一方《いっぽう》、雇《やと》われている立場《たちば》の人《ひと》（社員《しゃいん》など）は労働者《ろうどうしゃ》で、正社員《せいしゃいん》（会社《かいしゃ》が定《さだ》める定年《ていねん》まで働《はたら》ける）と非正規社員《ひせいきしゃいん》（働《はたら》く期間《きかん》や時間《じかん》をあらかじめ定《さだ》めるパートやアルバイト、派遣《はけん》社員《しゃいん》など）に分《わ》かれますが、いずれも**給与《きゅうよ》（賃金《ちんぎん》）**をもらいます。

どの立場《たちば》でも、もらったお金《かね》の全部《ぜんぶ》を使《つか》うことはできません。個人《こじん》の収入《しゅうにゅう》からは税金《ぜいきん》や社会保険料《しゃかいほけんりょう》を引《ひ》かれるからです（右図参照《みぎずさんしょう》）。税金《ぜいきん》や社会保険料《しゃかいほけんりょう》は、生活《せいかつ》がスムーズにいくよう助《たす》け合《あ》ったり協力《きょうりょく》し合《あ》ったりするための社会《しゃかい》への参加《さんか》費《ひ》のようなものです。収入《しゅうにゅう》から税金《ぜいきん》や社会保険料《しゃかいほけんりょう》を引《ひ》いたものが**手《て》取《ど》り収入《しゅうにゅう》**で、**手取《てど》り収入《しゅうにゅう》の範囲《はんい》に生活費《せいかつひ》を収《おさ》めないと赤字《あかじ》**になってしまいます。残《のこ》ったお金《かね》＝黒字《くろじ》の分《ぶん》は、住宅《じゅうたく》ローンなどの借入金《かりいれきん》があれば返済《へんさい》し、今後《こんご》の大《おお》きな支出《ししゅつ》などに備《そな》えて貯《た》めたり投資《とうし》したりします。

未来《みらい》に託《たく》す　お金《かね》の投資《とうし》

期待《きたい》と信頼《しんらい》によりお金《かね》が集《あつ》まる

お金《かね》を稼《かせ》ぐためにモノやサービスを作《つく》ろうとすると、最初《さいしょ》にお金《かね》が必《ひつ》要《よう》です（45ページ）。続《つづ》けていくために途中《とちゅう》でもお金《かね》が必要《ひつよう》になることがあるでしょう。お金《かね》はどうやって準備《じゅんび》すればいいのでしょうか。大《おお》まかには次《つぎ》の3つの方法《ほうほう》があります。

❶自分《じぶん》のお金《かね》を使《つか》う
❷お金《かね》を借《か》りる
❸お金《かね》を持《も》っている人《ひと》に出《だ》してもらう

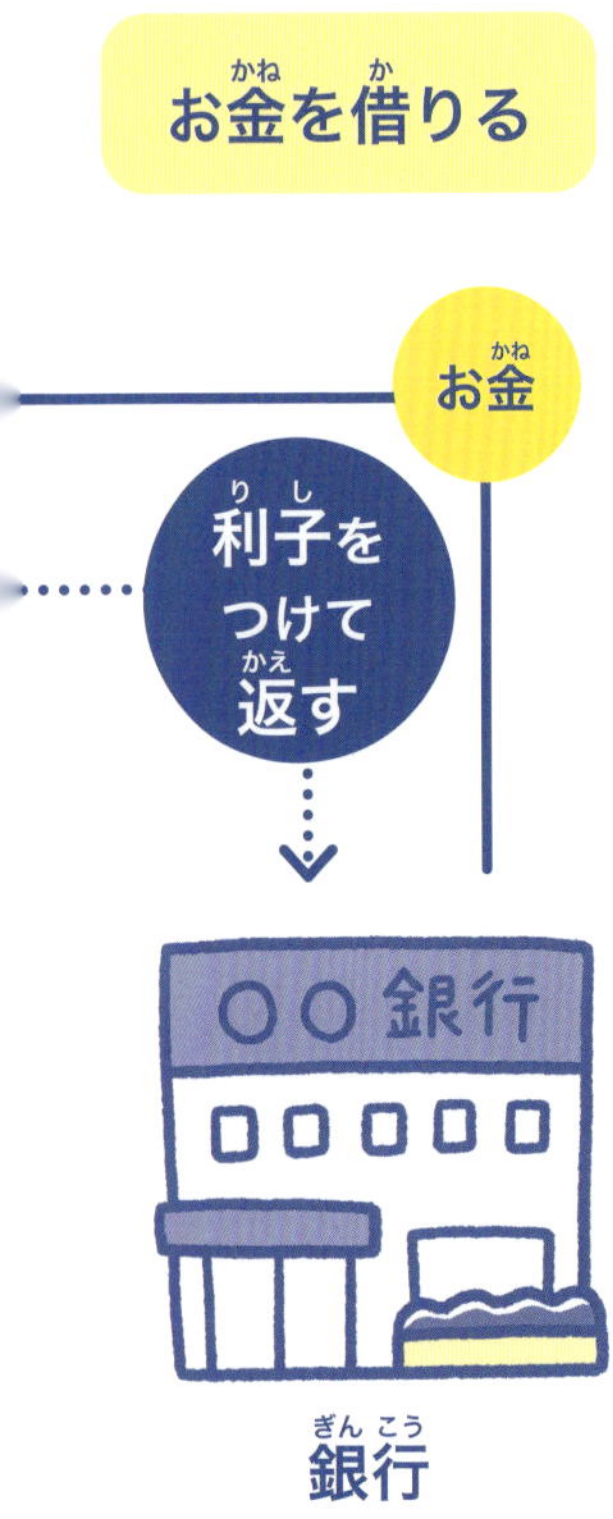

❶の「自分《じぶん》のお金《かね》を使《つか》う」は、お金《かね》を持《も》っていない人《ひと》には難《むずか》しいですね。持《も》っていても自分《じぶん》のお金《かね》だけでは足《た》りないかもしれないし、失敗《しっぱい》したら自分《じぶん》のお金《かね》がなくなります。

❷の「お金《かね》を借《か》りる」は、作《つく》ろうとしているモノやサービスへの期《き》待《たい》や、計画通《けいかくどお》りにちゃんと実行《じっこう》して、お金《かね》を返《かえ》してくれるという信《しん》頼《らい》のもと、銀行《ぎんこう》などの金融機関《きんゆうきかん》が貸《か》してくれる可能性《かのうせい》があります。

❸の「お金《かね》を持《も》っている人《ひと》に出《だ》してもらう」は、やはり期待《きたい》や信頼《しんらい》によって可能性《かのうせい》があります。ただし、株式会社《かぶしきがいしゃ》にすることが条件《じょうけん》です。

〈 株式会社《かぶしきがいしゃ》の仕組《しく》み、出資《しゅっし》や借入《かりいれ》でお金《かね》を集《あつ》める 〉

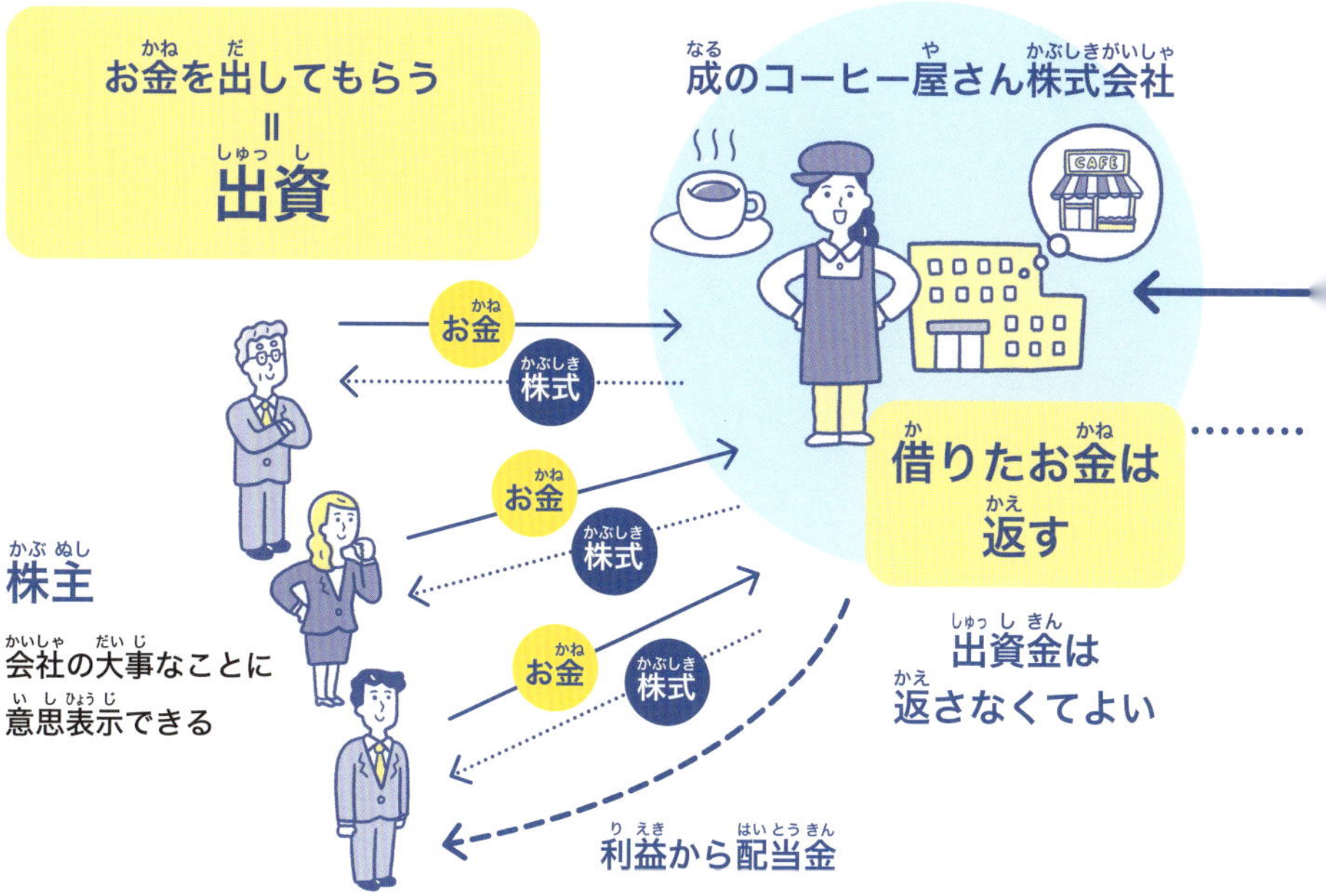

会社《かいしゃ》は債券《さいけん》※を発行《はっこう》してお金《かね》を借《か》りることもできます。

※債券《さいけん》：金利《きんり》と期間《きかん》（満期《まんき》）を決《き》めて発行《はっこう》される。債券《さいけん》を買《か》って持《も》っている人《ひと》は定期的《ていきてき》に利子《りし》を受《う》け取《と》ることができ、満期《まんき》がきたらお金《かね》を返《かえ》してもらえる。ただし債券《さいけん》を発行《はっこう》した会社《かいしゃ》の経営《けいえい》がうまくいかないと利子《りし》をもらえない、満期《まんき》にお金《かね》を返《かえ》してもらえないリスクがある。

会社《かいしゃ》にはいくつか種類《しゅるい》があり、株式会社《かぶしきがいしゃ》は株式《かぶしき》を発行《はっこう》することでお金《かね》を集《あつ》めることができます。株式《かぶしき》と交換《こうかん》する形《かたち》でお金《かね》を出《だ》すことを出資《しゅっし》、株式《かぶしき》を持《も》つ人《ひと》を株主《かぶぬし》といいます。借《か》りたわけではないので出資《しゅっし》してもらったお金《かね》を返《かえ》す必要《ひつよう》はありません。その代《か》わり商品《しょうひん》を売《う》って利益《りえき》が出《で》たら、利益《りえき》から株主《かぶぬし》に配当金《はいとうきん》を払《はら》います。また株主《かぶぬし》は株主総会《かぶぬしそうかい》で意思表示《いしひょうじ》ができます。株主《かぶぬし》になって応援《おうえん》してくれる人《ひと》がいれば、お金《かね》をたくさん持《も》っていない人《ひと》でも、作《つく》りたい商品《しょうひん》を作《つく》って売《う》ることができるのです。

もし大人《おとな》になった成《なる》が株式会社《かぶしきがいしゃ》を作《つく》ってコーヒー屋《や》さんを始《はじ》めたら……。お金《かね》を借《か》りたり出資《しゅっし》してもらったりした場合《ばあい》のお金《かね》の動《うご》きは上《うえ》の図《ず》のようになります。

自分《じぶん》で働《はたら》く以外《いがい》にもお金《かね》を得《え》る方法《ほうほう》がある

作《つく》った株式会社《かぶしきがいしゃ》の事業《じぎょう》がうまくいって成長《せいちょう》して条件《じょうけん》を満《み》たせば、株式市場《かぶしきしじょう》に上場《じょうじょう》できます。上場《じょうじょう》した会社《かいしゃ》の株式《かぶしき》はお金《かね》を出《だ》せば誰《だれ》でも売買《ばいばい》できます。株式《かぶしき》を買《か》いたい人《ひと》と売《う》りたい人《ひと》が注文《ちゅうもん》を出《だ》し合《あ》い、値段《ねだん》や株数《かぶすう》が合致《がっち》すると売買《ばいばい》が成立《りつ》します。人気《にんき》があって買《か》いたい人《ひと》が多《おお》い株式《かぶしき》は値段《ねだん》が上《あ》がります。

商品《しょうひん》に将来性《しょうらいせい》がある、共感《きょうかん》できると思《おも》う会社《かいしゃ》の株式《かぶしき》を買《か》って株主《かぶぬし》になれば、配当金《はいとうきん》や株価《かぶか》の値上《ねあ》がりによる利益《りえき》を得《え》られる可能性《かのうせい》があるのです。これを**投資《とうし》**といいます。

ただし、商品《しょうひん》の売《う》れ行《ゆ》きが悪《わる》くて利益《りえき》が減《へ》り配当金《はいとうきん》が支払《しはら》われない、消費者《しょうひしゃ》の信頼《しんらい》を裏切《うらぎ》るような行為《こうい》があり株価《かぶか》が下《さ》がるといったこともあります。投資《とうし》の結果《けっか》は不確実《ふかくじつ》です。投資先《とうしさき》を選《えら》ぶときは、その会社《かいしゃ》の商品《しょうひん》は誰《だれ》かの役《やく》に立《た》っているか、どのような目標《もくひょう》をもって経営《けいえい》されているかなどしっかり確認《かくにん》しなければなりません。

自分自身《じぶんじしん》が働《はたら》くこと以外《いがい》にも、**他《ほか》の会社《かいしゃ》の株主《かぶぬし》になって応援《おうえん》することで会社《かいしゃ》の利益《りえき》からお金《かね》を受《う》け取《と》ることもできる**のです。

まとめ

ちゃんと作《つく》っている、働《はたら》いているという信頼《しんらい》のもとに商品《しょうひん》が売《う》れ、給与《きゅうよ》などのお金《かね》が払《はら》われる

第3章

お金《かね》はたくさん
あればあるほど幸《しあわ》せ？

開店《かいてん》から3か月《げつ》
売上《うりあげ》は順調《じゅんちょう》だ
手元《てもと》のお金《かね》は
3万円《まんえん》を超《こ》えた
いろんな日《ひ》があった
あっ!!
3回《かい》も豆《まめ》を
こぼしたし
お父《とう》さんが出張《しゅっちょう》で
お母《かあ》さんの分《ぶん》しか
売《う》れない日《ひ》もあった
お母《かあ》さんが風邪《かぜ》をひいて
今日《きょう》はコーヒーいらない
って言《い》われたことも
豆《まめ》を変《か》えることは
最初《さいしょ》は反対《はんたい》されたけど、試飲《しいん》してもらって
同《おな》じお店《みせ》の別《べつ》の豆《まめ》でもいいことになった
100g／800円《えん》
キリマンジャロ
−20円《えん》
100g／780円《えん》
コロンビア
値段《ねだん》は100グラム当《あ》たり
20円《えん》下《さ》がった

新《あたら》しいメニューも開発《かいはつ》した
まだコーヒーが飲《の》めない
宙《そら》と裕樹《ゆうき》君《くん》のために
ほうじ茶《ちゃ》ラテをメニューに加《くわ》えた
ほうじ茶《ちゃ》
牛《ぎゅう》乳《にゅう》
砂糖
材料《ざいりょう》は近《ちか》くのスーパーで仕《し》入《い》れている
値段《ねだん》はコーヒーと同《おな》じ１杯《ぱい》２５０円《えん》
お休《やす》みの日《ひ》は、稼《かせ》ぎどきだ
家《いえ》で過《す》ごす日《ひ》、
お父《とう》さんとお母《かあ》さんは
午後《ごご》２杯目《はいめ》のコーヒーを飲《の》む
午後《ごご》はお菓子《かし》も欲《ほ》しいなぁ
リクエストで
スーパーで買《か》った
クッキーを添《そ》えて
３００円《えん》の
お菓子《かし》セットを作《つく》った
宙《そら》も
ほうじ茶《ちゃ》ラテと
クッキーの
セットを
喜《よろこ》んで
買《か》ってくれる
正美《まさみ》おばさんたちが
注文《ちゅうもん》してくれる
こともある

よし、この調子《ちょうし》で
これからも稼《かせ》ごう！
グッ！
んん？
でも…、大丈夫《だいじょうぶ》なのかなぁ
お父《とう》さんやお母《かあ》さんは
ほぼ毎日《まいにち》
コーヒーを買《か》ってくれる
朝《あさ》のコーヒーだけで
毎朝《まいあさ》2人分《ふたりぶん》だから500円《えん》
500 × 31
1か月《げつ》では
500円《えん》×31日《にち》で
1万《まん》5500円《えん》

午後《ごご》のお菓子《かし》セットも入《い》れると月《つき》に2万円《まんえん》くらい払《はら》ってもらっている
3か月《げつ》たったから払《はら》ってくれたお金《かね》の合計《ごうけい》は6万円《まんえん》!?
コーヒーを飲《の》み過《す》ぎてお金《かね》が足《た》りなくなっちゃったー
家《いえ》のお金《かね》が足《た》りなくなったりしてないのかなぁ
ねえ、毎日《まいにち》のコーヒー代《だい》、大丈夫《だいじょうぶ》?
アハハ、大丈夫《だいじょうぶ》よ ちゃんと予算《よさん》の範囲内《はんいない》だから

いくらまでという金額《きんがく》、つまり予算《よさん》を決《き》めて
その範囲《はんい》でお金《かね》を使《つか》うようにしているの
成《なる》に払《はら》うコーヒー代《だい》は食費《しょくひ》の予算《よさん》に入《はい》っているの
たまに予算《よさん》を超《こ》えることもあるけどそのときは他《ほか》の支出《ししゅつ》を減《へ》らして全体《ぜんたい》で調整《ちょうせい》するのよ
そうだったお母《かあ》さんは計算《けいさん》が得意《とくい》なんだ「ケイリ」だもんね
家《か》計《けい》簿《ぼ》
うちの家計《かけい》について教《おし》えてあげるね
パタッ
2024年《ねん》家《か》計《けい》簿《ぼ》
項目《こうもく》 1月《がつ》 2月《がつ》 3月《がつ》 4月《がつ》 5月《がつ》 6月《がつ》
支出《ししゅつ》
食費《しょくひ》 94073円《えん》 91072円《えん》 81071円《えん》 82562円《えん》 90151円《えん》 92101円《えん》
住居費《じゅうきょひ》 15074円《えん》 15074円《えん》 15074円《えん》 15074円《えん》 15074円《えん》 15074円《えん》
光熱費《こうねつひ》 25845円《えん》 21456円《えん》 24517円《えん》 26124円《えん》 27515円《えん》 24151円《えん》

あ、僕《ぼく》に払《はら》ってくれた
コーヒー代《だい》は食費《しょくひ》に付《つ》けてある
そうか。考《かんが》えてみれば
当《あ》たり前《まえ》のことだけど
生活《せいかつ》していくには
コーヒー代《だい》以外《いがい》にも
いろいろなお金《かね》が必要《ひつよう》なんだ
あれ?
12月《がつ》成《なる》・宙《そら》の支出《ししゅつ》
1 給食《きゅうしょく》 9000円《えん》
2 ダンス 6000円《えん》
3 サッカー 4500円《えん》
これは何《なに》?
それぞれにかかったお金《かね》よ
成《なる》は、サッカークラブの費用《ひよう》、
給食費《きゅうしょくひ》、文房具《ぶんぼうぐ》、参考書《さんこうしょ》や本代《ほんだい》
それに毎月渡《まいつきわた》している
おこづかいもあるから
1か月《げつ》あたりは3万円《まんえん》くらいね
国語《こくご》
算数《さんすう》
宙《そら》は、ダンス教室《きょうしつ》の会費《かいひ》、
発表会《はっぴょうかい》の衣装代《いしょうだい》、給食費《きゅうしょくひ》…

僕《ぼく》たちのために そんなにお金《かね》を 使《つか》っていたの？
貯金《ちょきん》、投資《とうし》、 こっちは何《なん》のこと？
貯《ちょ》金《きん》
投《とう》資《し》
ああ、成《なる》や宙《そら》が大学《だいがく》まで 進学《しんがく》するなら授業料《じゅぎょうりょう》などの お金《かね》がかかるから 貯《た》めているのよ

そういえば去年《きょねん》、車《くるま》を買《か》い替《か》えたけど そのお金《かね》はどうしたの？
貯《た》めていたお金《かね》に お母《かあ》さんのボーナスを 足《た》して買《か》ったのよ
むうう…
う～ん
今日《きょう》はこのくらいに しておこうか
これからときどき お母《かあ》さんが家計簿《かけいぼ》を 付《つ》けるときにでも 説明《せつめい》するね
パタンッ
ガーガー
う～ん

家族の誰《だれ》かが稼《かせ》いでいるから生活《せいかつ》できる

生活《せいかつ》にはお金《かね》が必要《ひつよう》

何《なに》にいくら使《つか》っている？

一緒《いっしょ》に暮《く》らす家族《かぞく》のお金《かね》を家計《かけい》といいます。家族《かぞく》の誰《だれ》かが働《はたら》いて稼《かせ》ぐことで家計《かけい》にお金《かね》が入《はい》り、手《て》取《ど》り収入《しゅうにゅう》（収入《しゅうにゅう》から税金《ぜいきん》や社会保《しゃかいほ》険料《けんりょう》を払《はら》った残《のこ》りのお金《かね》。48ページの図参照《ずさんしょう》）から生活費《せいかつひ》を払《はら》います。どんなことにいくら使《つか》っているのでしょうか。家計《かけい》は家族構成《かぞくこうせい》などによりいくつかのパターンがあります。一人《ひとり》暮らし、親《おや》と子《こ》ど

〈子《こ》ども２人《ふたり》に両親《りょうしん》の４人家族《にんかぞく》のお金《かね》の使《つか》い道《みち》〉

1か月《げつ》あたりの平均《へいきん》

可処分所得《かしょぶんしょとく》		568,745
消費支出《しょうひししゅつ》		328,689
内訳《うちわけ》	食料《しょくりょう》	89,248
	住居《じゅうきょ》	11,456
	光熱《こうねつ》・水道《すいどう》	23,461
	家具《かぐ》・家事用品《かじようひん》	12,693
	被服及《ひふくおよ》び履物《はきもの》	13,826
	保健医療《ほけんいりょう》	11,897
	交通《こうつう》・通信《つうしん》	48,333
	教育《きょういく》	33,041
	教養娯楽《きょうようごらく》	35,504
	その他《た》の消費支出《しょうひししゅつ》	49,228
黒字《くろじ》		240,056

手取《てど》り収入《しゅうにゅう》

生活《せいかつ》のためのモノやサービスの支出《ししゅつ》、いわゆる生活費《せいかつひ》

家賃《やちん》や修繕費《しゅうぜんひ》など

散髪《さんぱつ》、理美容用品《りびようようひん》、使途不明金《しとふめいきん》（何《なに》に使《つか》ったかわからないお金《かね》）など

母《はは》・恵《めぐみ》の「家《いえ》のお金《かね》」講座《こうざ》

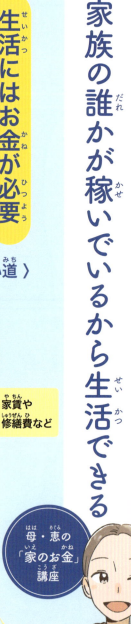

も、年金《ねんきん》で暮《く》らす高齢者《こうれいしゃ》など……。例《たと》えば、子《こ》どもが2人《ふたり》いて両親《りょうしん》とも働《はたら》いている家計《かけい》の平均《へいきん》は右下《みぎした》の図《ず》の通《とお》りです。

一番多《いちばんおお》いのは食料《しょくりょう》で1か月《げつ》に約《やく》9万円《まんえん》、ほかにも住居《じゅうきょ》や光熱《こうねつ》・水道《すいどう》などいろいろなことにお金《かね》を使《つか》っています。生活費《せいかつひ》の合計《ごうけい》は30万円以上《まんえんいじょう》です。数字《すうじ》はあくまで平均《へいきん》ですから、実際《じっさい》には家《いえ》ごとに違《ちが》います。参考《さんこう》にはなりますね。

気《き》がついたことはありませんか? 住居費《じゅうきょひ》が1か月《げつ》1万円《まんえん》ちょっとなんてずいぶん安《やす》いと思《おも》いませんか? 住居費《じゅうきょひ》は家賃《やちん》と修繕費《しゅうぜんひ》の合計《ごうけい》です。持《も》ち家《いえ》で家賃《やちん》を払《はら》っていない家計《かけい》もあります。また住宅《じゅうたく》は高《たか》いので住宅《じゅうたく》ローンでお金《かね》を借《か》りて買《か》うことが多《おお》いのですが、住《じゅう》宅《たく》ローンは借入金《かりいれきん》の返済《へんさい》なので住《じゅう》居費《きょひ》には含《ふく》めません※。支出《ししゅつ》がない家計《かけい》も合《あ》わせた平均《へいきん》だから少《すく》ないのです。

調査《ちょうさ》では、手取《てど》り収入《しゅうにゅう》から消費《しょうひ》支出《ししゅつ》を引《ひ》くとお金《かね》が残《のこ》って黒字《くろじ》です。しかし、中《なか》には収入《しゅうにゅう》よりも支《し》出《しゅつ》が多《おお》い赤字《あかじ》の家計《かけい》もあることでしょう。お金《かね》が足《た》りないときは、貯金《ちょきん》があるなら貯金《ちょきん》を使《つか》う、またはどこかから借《か》りることになります。**借《か》りたお金《かね》は返《かえ》すのがルール**。返《かえ》すお金《かね》が多《おお》いと、使《つか》えるお金《かね》が減《へ》ってしまいます。特別《とくべつ》なことがない限《かぎ》り**手取《てど》り収入《しゅうにゅう》の範囲《はんい》に支出《ししゅつ》をおさえることが、お金《かね》の管理《かんり》の基《き》本《ほん》**です。貯金《ちょきん》がなく、お金《かね》を借《か》りることもできないと、必要《ひつよう》なモノやサービスを買《か》うことができず……、がまんするしかありません。まずは生活《せいかつ》するためのお金《かね》を稼《かせ》ぐこと!

子《こ》どもの教育費《きょういくひ》も1か月《げつ》で3万《まん》円《えん》以上《いじょう》使《つか》っています。食料《しょくりょう》や被《ひ》服《ふく》、教養娯楽《きょうようごらく》にも子《こ》どもの分《ぶん》が含《ふく》まれているはず。合《あ》わせると子《こ》どもにけっこう使《つか》っていますね(66~68ページも参照《さんしょう》)。

※家計簿《かけいぼ》では住宅《じゅうたく》ローンは住居費《じゅうきょひ》に含《ふく》めるのが一般的《いっぱんてき》ですが、国《くに》の調査《ちょうさ》では消費支出《しょうひししゅつ》としての住居費《じゅうきょひ》には含《ふく》めずに、黒字《くろじ》からの返済《へんさい》となります。

手取《てど》り収入《しゅうにゅう》から消費支出《しょうひししゅつ》を引《ひ》いた金額《きんがく》。ここから借入金《かりいれきん》(住宅《じゅうたく》ローンなど)を返済《へんさい》し貯蓄《ちょちく》や投資《とうし》をする

総務省《そうむしょう》「家計調査報告《かけいちょうさほうこく》　家計収支編《かけいしゅうしへん》2023年《ねん》平均結果《へいきんけっか》の概要《がいよう》」より「夫婦共働《ふうふともばたら》きの核家族《かくかぞく》(未婚《みこん》の子《こ》ども2人《ふたり》)」をもとに筆者《ひっしゃ》が作成《さくせい》。金額《きんがく》は支出《ししゅつ》がなかった家計《かけい》も含《ふく》んだ平均《へいきん》。数字《すうじ》は四捨五入《ししゃごにゅう》しているため内訳《うちわけ》の合計《ごうけい》とは必《かなら》ずしも一致《いっち》しない。

働《はたら》き方《かた》によって、お金《かね》の額《がく》は変《か》わる

お金《かね》を稼《かせ》ぐときの立場《たちば》はいろいろ

大人《おとな》になったら、自分《じぶん》の生活費《せいかつひ》は自分《じぶん》で働《はたら》いて稼《かせ》ぎます。どんな働《はたら》き方《かた》をするかでお金《かね》のもらい方《かた》も違《ちが》ってきます。大《おお》まかに分《わ》けると下《した》の囲《かこ》みのようになります。

公務員《こうむいん》
国《くに》や地方公共団体《ちほうこうきょうだんたい》など公的《こうてき》な機関《きかん》や組織《そしき》で働《はたら》く

民間企業《みんかんきぎょう》の社員《しゃいん》や職員《しょくいん》
会社《かいしゃ》や民間《みんかん》の組織《そしき》で働《はたら》く

個人事業主《こじんじぎょうぬし》
個人《こじん》で事業《じぎょう》を行《おこな》い働《はたら》く

まず、国《くに》や地方自治体《ちほうじちたい》、公立学校《こうりつがっこう》などで公務員《こうむいん》として働《はたら》くのか、民間企業《みんかんきぎょう》で働《はたら》くのか。民間企業《みんかんきぎょう》は、会社《かいしゃ》や私立学校《しりつがっこう》などの法人《ほうじん》

	お金《かね》のもらい方《かた》
＊正規職員《せいきしょくいん》や正社員《せいしゃいん》 ＊非正規職員《ひせいきしょくいん》や非正規社員《ひせいきしゃいん》 に分かれる	正規職員《せいきしょくいん》や正社員《せいしゃいん》は月給《げっきゅう》、非正規職員《ひせいきしょくいん》や非正規社員《ひせいきしゃいん》は時給《じきゅう》や日給《にっきゅう》が多い
	売上《うりあげ》による

社会全体《しゃかいぜんたい》で助《たす》け合《あ》う社会保険《しゃかいほけん》

稼《かせ》いだお金《かね》からは社会保険料《しゃかいほけんりょう》を払《はら》います。社会保険《しゃかいほけん》は、みんなで保険《ほけん》料《りょう》を出《だ》し合《あ》って必要《ひつよう》な人《ひと》にお金《かね》を渡《わた》す助《たす》け合《あ》いの仕組《しく》みです。主《おも》に左《ひだり》の4種類《しゅるい》※1。病気《びょうき》やケガを治すための医療費《いりょうひ》や、介護《かいご》サービスの費用《ひよう》の一《いち》部《ぶ》を出《だ》してもらえます。高齢《こうれい》になると公的年金《こうてきねんきん》をもらえます。仕事《しごと》を辞《や》めて次《つぎ》の仕事《しごと》が見《み》つからないときは給付金《きゅうふきん》をもらえます。

ただし、お金《かね》を出《だ》してもらえるのは条件《じょうけん》を満《み》たした場合《ばあい》です。公務員《こうむいん》、民間企業《みんかんきぎょう》の経営者《けいえいしゃ》、個人事業主《こじんじぎょうぬし》・フリーランスは雇用保険《こようほけん》には入《い》れません。

※1　民間企業《みんかんきぎょう》に雇《やと》われて給与《きゅうよ》をもらって働《はたら》く人《ひと》は、労働災害保険《ろうどうさいがいほけん》（仕事《しごと》や通勤《つうきん》が原因《げんいん》の病気《びょうき》やケガの治療費《ちりょうひ》などを出《だ》し

〈 働《はたら》く立場《たちば》とお金《かね》のもらい方《かた》 〉

働《はたら》く場《ば》と立場《たちば》		
国《くに》や地方公共団体《ちほうこうきょうだんたい》		公務員《こうむいん》
公立学校《こうりつがっこう》、公立病院《こうりつびょういん》など		
民間《みんかん》企業《きぎょう》	会社《かいしゃ》	会社員《かいしゃいん》、契約社員《けいやくしゃいん》、パート、アルバイトなど
	私立学校《しりつがっこう》、NPO 法人《ほうじん》、医療法人《いりょうほうじん》など	教職員《きょうしょくいん》
		個人事業主《こじんじぎょうぬし》・フリーランス

（組織《そしき》・団体《だんたい》）と、個人《こじん》があります。

個人《こじん》で働《はたら》く人《ひと》以外《いがい》は、給与《きゅうよ》をもらいます。**給与《きゅうよ》は、正規《せいき》の社員《しゃいん》や職員《しょくいん》は月給《げっきゅう》、非正規《ひせいき》の社員《しゃいん》や職員《しょくいん》は時給《じきゅう》や日給《にっきゅう》でもらうのが一般的《いっぱんてき》**です。正規《せいき》の社員《しゃいん》や職員《しょくいん》は月給《げっきゅう》に加《くわ》えてボーナスが出《で》るところもあり、非正規《ひせいき》の社員《しゃいん》や職員《しょくいん》よりも給与《きゅうよ》が高《たか》い傾向《けいこう》にあります。

個人事業主《こじんじぎょうぬし》として働《はたら》く場合《ばあい》は、売上《うりあげ》から事業《じぎょう》にかかった費用《ひよう》を引《ひ》いた残《のこ》りが自分《じぶん》の収入《しゅうにゅう》になり、売上《うりあげ》や経費《けいひ》の金額《きんがく》により変動《へんどう》します。

48ページで、収入《しゅうにゅう》からは税金《ぜいきん》と社会保険料《しゃかいほけんりょう》を払《はら》うと伝《つた》えました。働《はたら》き方《かた》により、お金《かね》のもらい方《かた》だけでなく、税金《ぜいきん》の計算方法《けいさんほうほう》や、入《はい》る社会保険《しゃかいほけん》が異《こと》なります。

てもらえる）にも加入《かにゅう》します。保険料《ほけんりょう》は本人《ほんにん》ではなく雇《やと》う側《がわ》が払《はら》います。

〈 社会保険《しゃかいほけん》の種類《しゅるい》と内容《ないよう》 〉

社会保険《しゃかいほけん》の種類《しゅるい》	公的医療保険《こうてきいりょうほけん》	公的介護保険《こうてきかいごほけん》	公的年金《こうてきねんきん》	雇用保険《こようほけん》
入《はい》る人《ひと》	日本《にほん》に住《す》んでいる人《ひと》は全員《ぜんいん》	日本《にほん》に住《す》む40歳以上《さいいじょう》の人《ひと》	日本《にほん》に住《す》む20歳以上《さいいじょう》60歳未満《さいみまん》の人《ひと》	民間企業《みんかんきぎょう》で給与《きゅうよ》をもらって働《はたら》く人《ひと》
内容《ないよう》	病気《びょうき》やケガの医療費《いりょうひ》が安《やす》くなる	65歳以上《さいいじょう》で介護《かいご》が必要《ひつよう》になったら公的介護《こうてきかいご》サービスを受《う》けられて、その費用《ひよう》が安《やす》くなる※2	65歳《さい》になったら公的年金《こうてきねんきん》をもらえる	仕事《しごと》を辞《や》めて次《つぎ》の仕事《しごと》が見《み》つからない場合《ばあい》などに給付金《きゅうふきん》をもらえる

※2　介護《かいご》が必要《ひつよう》な原因《げんいん》によっては 40 歳以上《さいいじょう》 65 歳未満《さいみまん》の人《ひと》も介護《かいご》サービスを受《う》けられる。

自分《じぶん》にかかるお金《かね》はいくら？

子《こ》どもにかかるお金《かね》は生活費《せいかつひ》と教育費《きょういくひ》

　子《こ》どもにかかるお金《かね》は、食料《しょくりょう》や衣類《いるい》などの生活費《せいかつひ》と、学校《がっこう》の授業料《じゅぎょうりょう》などの教育費《きょういくひ》です。子《こ》どもの生活費《せいかつひ》は、実《じつ》はわかりづらいのです。なぜなら、一緒《いっしょ》に暮《く》らす家族《かぞく》の生活費《せいかつひ》を子《こ》どもと大人《おとな》で分《わ》けることはふつうないからです。そこで、少《すこ》し古《ふる》いものになりますがアンケート調査《ちょうさ》の結果《けっか》を紹介《しょうかい》します。

〈 子《こ》どもの生活費《せいかつひ》 1年《ねん》あたり 〉

未就園児《みしゅうえんじ》	553,442円《えん》
保育所《ほいくしょ》・幼稚園児《ようちえんじ》	574,522円《えん》
小学生《しょうがくせい》	651,492円《えん》
中学生《ちゅうがくせい》	733,182円《えん》

平成《へいせい》21年度《ねんど》インターネットによる子育《こそだ》て費用《ひよう》に関《かん》する調査《ちょうさ》（内閣府《ないかくふ》）より作成《さくせい》。衣類《いるい》・服飾雑貨費《ふくしょくざっかひ》、食費《しょくひ》、生活用品費《せいかつようひんひ》、医療費《いりょうひ》、お祝《いわ》い行事関連費《ぎょうじかんれんひ》、レジャー・旅行費《りょこうひ》の合計《ごうけい》。

食費《しょくひ》から子《こ》どものための行事《ぎょうじ》やレジャー費《ひ》などまで含《ふく》めて1年間《ねんかん》で約《やく》55万円《まんえん》～73万円《まんえん》。成長《せいちょう》するにつれてだんだん増《ふ》えていきます。12か月《げつ》で割《わ》ると1か月《げつ》あたりは4万《まん》6000円《えん》～6万円《まんえん》。高校生《こうこうせい》のデータはありませんが、中学生《ちゅうがくせい》より少《すこ》し高《たか》いと考《かんが》えてよさそうです。子《こ》どもの行事《ぎょうじ》を欠《か》かさない家《いえ》、家族《かぞく》でのレジャーを楽《たの》しみにしている家《いえ》など、お金《かね》の使《つか》い方《かた》は家《いえ》ごとに異《こと》なりますが、平均《へいきん》では1年《ねん》で数十万円《すうじゅうまんえん》、1か月《げつ》あたり数《すう》万円《まんえん》と考《かんが》えられます。

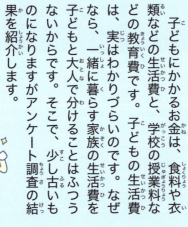

　大学生《だいがくせい》になると、一人暮《ひとりぐ》らしをしたり、アルバイトで自分《じぶん》の生活《せいかつ》費《ひ》をまかなったりするケースもありますが、生活費《せいかつひ》は同《おな》じくらいでしょう。

　では教育費《きょういくひ》はどれくらいでしょうか。教育費《きょういくひ》は学校《がっこう》などに払《はら》う授《じゅ》

〈3歳《さい》（幼稚園《ようちえん》）から高校卒業《こうこうそつぎょう》までの保護者《ほごしゃ》が出《だ》した教育費《きょういくひ》〉

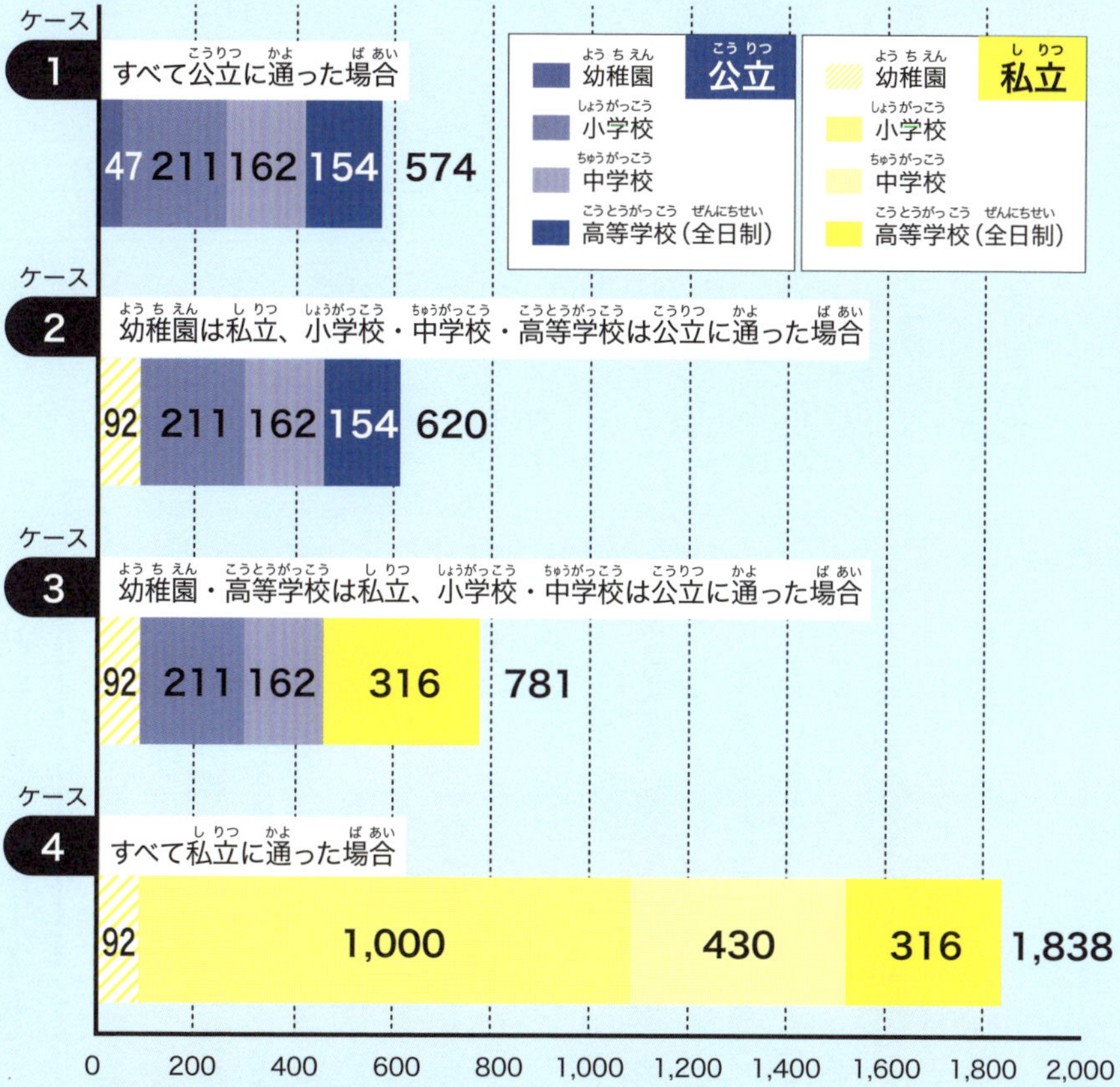

令和3年度子供の学習費調査（文部科学省）より

業料《ぎょうりょう》に加《くわ》えて、習《なら》い事《ごと》の費用《ひよう》や塾《じゅく》代《だい》、参考書代《さんこうしょだい》なども含《ふく》まれます。学校《がっこう》には公立《こうりつ》と私立《しりつ》があり、どちらに進学《しんがく》するかで金額《きんがく》が大《おお》きく違《ちが》います。上《うえ》の図《ず》は高校《こうこう》までの進路《しんろ》別《べつ》の教育費《きょういくひ》の合計《ごうけい》です。

親《おや》が子《こ》どもの教育費《きょういくひ》として、幼《よう》稚《ち》園《えん》3年《ねん》、小学校《しょうがっこう》6年《ねん》、中学校《ちゅうがっこう》3年《ねん》、高校《こうこう》3年《ねん》の15年間《ねんかん》で出《だ》した合《ごう》計《けい》は、すべて公立《こうりつ》では574万《まん》円《えん》、すべて私立《しりつ》だと1838万《まん》円《えん》にもなります。ただし、すべて私《し》立《りつ》の子《こ》どもは多《おお》くはないので、一《いっ》般的《ばんてき》には約《やく》574万《まん》円～781万《まん》円《えん》です。一度《いちど》に払《はら》うのではなく15年間《ねんかん》かけて払《はら》います。15年《ねん》で割《わ》り算《ざん》してみると**1年《ねん》あたりは38万円《まんえん》～52万円《まんえん》、さらに12か月《げつ》で割《わ》ると1か月《げつ》あたりは約《やく》3万《まん》2000円《えん》～4万《まん》3000円《えん》**です。

〈 大学《だいがく》の費用《ひよう》の平均額《へいきんがく》 〉

入学時《にゅうがくじ》および年間《ねんかん》

区分《くぶん》	授業料《じゅぎょうりょう》	入学料《にゅうがくりょう》
国立大学《こくりつだいがく》※1	535,800	282,000
公立大学《こうりつだいがく》	536,191	374,371
私立大学《しりつだいがく》※2	959,205	240,806

「私立大学等《しりつだいがくとう》の令和《れいわ》５年度《ねんど》入学者《にゅうがくしゃ》に係《かか》る学生納《がくせいのう》付金等調査結果《ふきんとうちょうさけっか》について　国公私立大学《こっこうしりつだいがく》の授業《じゅぎょう》料等《りょうとう》の推移《すいい》」（文部科学省《もんぶかがくしょう》）より抜粋《ばっすい》して作成《さくせい》。

※１　国立大学《こくりつだいがく》は国《くに》が示《しめ》す標準額《ひょうじゅんがく》。

※２　私立大学《しりつだいがく》は加《くわ》えて平均《へいきん》165,271円《えん》の施《し》設設備費《せつせつびひ》がかかる。

高校《こうこう》を卒業《そつぎょう》すると約《やく》80％が大学《だいがく》や専門学校《せんもんがっこう》に進《すす》みます。大学《だいがく》の費用《ひよう》も、やはり国公立《こっこうりつ》より私立《しりつ》が高《たか》くなります。また私立《しりつ》は同《おな》じ大学《だいがく》でもどんな勉強《べんきょう》をするかにより学費《がくひ》が違《ちが》います。卒業《そつぎょう》まで４年間《ねんかん》（薬学部《やくがくぶ》、医《い》学部《がくぶ》などは6年間《ねんかん》）の授業料《じゅぎょうりょう》に入学《にゅうがく》料《りょう》も加《くわ》えると**合計《ごうけい》２４３万円《まんえん》～４０８万円《まんえん》**（私立大学《しりつだいがく》は平均《へいきん》）。さらに私立大学《しりつだいがく》は毎年《まいとし》施設設備費《しせつせつびひ》がかかるところがほとんどなので加《くわ》えると**平均《へいきん》４７４万円《まんえん》**です。

子《こ》どもは親《おや》に育《そだ》ててもらって当然《とうぜん》？

子《こ》どもが大人《おとな》になるまでにはたくさんのお金《かね》がかかりますね。親《おや》なのだから子《こ》どもにお金《かね》を使《つか》うのは当《とう》然《ぜん》？　確《たし》かに、**親《おや》には子《こ》どもを「扶養《ふよう》」する義務《ぎむ》**があります。「扶養《ふよう》」とは、自力《じりき》では生活《せいかつ》できない人《ひと》の面倒《めんどう》を見《み》たりお金《かね》の面《めん》で援助《えんじょ》したりすることです。生活《せいかつ》のルールを定《さだ》めた法律《ほうりつ》（民法《みんぽう》）では、親子《おやこ》や兄弟《きょうだい》などの親族《しんぞく》には扶養義務《ふようぎむ》があるとされています。

けれど、義務《ぎむ》があるから子《こ》どもを育《そだ》てている親《おや》だけではないでしょう。子《こ》どもがいる生活《せいかつ》を望《のぞ》み、子《こ》どもの成長《せいちょう》を見守《みまも》りながら一緒《いっしょ》に過《す》ごす時間《じかん》に幸《しあわ》せを感《かん》じる親《おや》もいるでしょう。とはいえ、**子《こ》どもがいることでお金《かね》がかかり、家事《かじ》も増《ふ》えるのが現実《げんじつ》です。**そして、子《こ》どもにどれくらいお金《かね》をかけるかは、親《おや》の考《かんが》え方《かた》や収入《しゅうにゅう》により家計《かけい》ごとに差《さ》があります。

働《はたら》いて稼《かせ》いだお金《かね》を何《なに》にいくら使《つか》うか、どう使《つか》えば満足度《まんぞくど》が高《たか》いか、余裕《よゆう》（＝貯金《ちょきん》）があるならそのお金《かね》をどうするか、**考《かんが》えてやりくりするのが家計《かけい》の管理《かんり》**です。

家族《かぞく》として自分《じぶん》にできることや、これからどんな生活《せいかつ》をしたいか、どんなことにお金《かね》を使《つか》いたいか、考《かんが》えてみませんか？

まとめ

お金《かね》の稼《かせ》ぎ方《かた》、使《つか》い方《かた》、必要《ひつよう》な量《りょう》は、その人《ひと》、その家族《かぞく》の選択《せんたく》によりさまざま

第4章

お金《かね》の正《ただ》しい使《つか》い方《かた》はあるの？

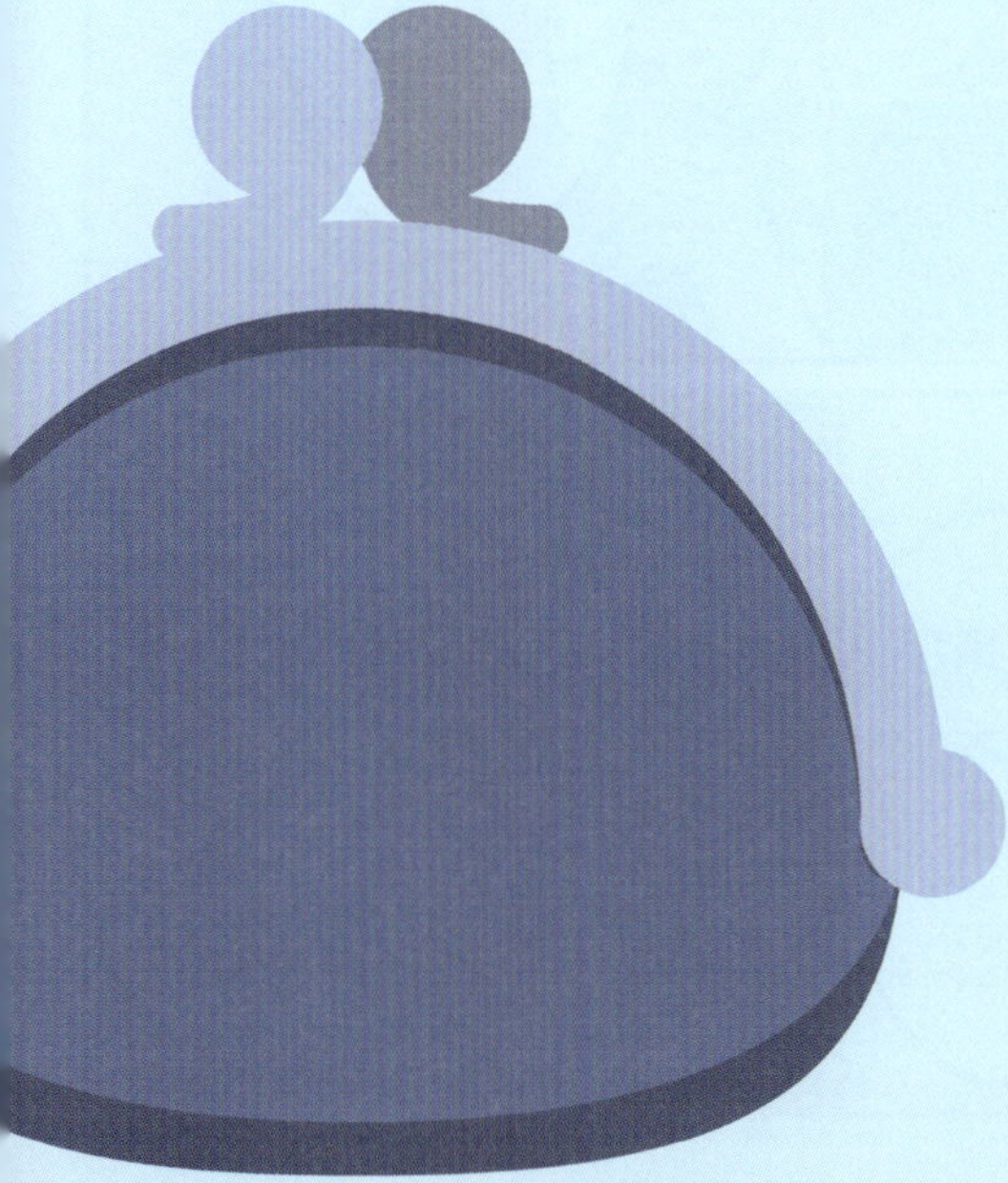

今日《きょう》は、いとこの
裕樹君《ゆうきくん》の家《いえ》に遊《あそ》びに来《き》た
裕樹君《ゆうきくん》が誕生日《たんじょうび》プレゼントで
親《おや》に新《あたら》しいゲームを
買《か》ってもらったから
そのゲームで一緒《いっしょ》に遊《あそ》ぶためだ
成君《なるくん》のことだから
とっくに買《か》ったと
思《おも》っていたよ
いつも僕《ぼく》が成君《なるくん》のゲームで
遊《あそ》ばせてもらっているけど
今日《きょう》はめずらしく逆《ぎゃく》だね
コーヒー屋《や》さん
順調《じゅんちょう》なんでしょ？
ゲームを買《か》えるくらい
お金儲《かねもう》かった？
それがね。
最近《さいきん》いろいろ
考《かんが》えちゃって
そういえば…
前《まえ》に遊《あそ》びに来《き》たときより
本《ほん》が増《ふ》えてない？
僕《ぼく》、本《ほん》を読《よ》むのが
好《す》きだから
うちの親《おや》、読《よ》みたい本《ほん》は
買《か》ってくれるんだ

いいなあ
僕《ぼく》も、サッカーのユニホームや靴《くつ》は買《か》ってもらえるけど新《あたら》しいのが欲《ほ》しいと頼《たの》んでも
まだ使《つか》えるからってお父《とう》さんもお母《かあ》さんも財布《さいふ》のひもが固《かた》いんだ
文房具《ぶんぼうぐ》も、友達《ともだち》が持《も》っているから僕《ぼく》も欲《ほ》しいって言《い》ってもなかなか買《か》ってもらえない

だから、コーヒー屋《や》さんを始《はじ》めたときは、お金《かね》が貯《た》まったら
すぐにでも欲《ほ》しいゲームを買《か》おうと思《おも》っていたなのに……

コーヒー屋《や》さんで儲《もう》かったお金《かね》を
すぐには使《つか》う気《き》になれないんだ
自分《じぶん》でも不思議《ふしぎ》なんだ
なんだろう
このもやもやした気持《きも》ち
ああ、お金《かね》の使《つか》い方《かた》ね
僕《ぼく》は小学校《しょうがっこう》に上《あ》がったときから
おこづかいをもらうように
なったんだけど
お金《かね》のルール
そのとき、ルールを守《まも》るって
親《おや》と約束《やくそく》したんだよ

僕《ぼく》の家《いえ》では
本《ほん》や参考書《さんこうしょ》、文房具《ぶんぼうぐ》など
勉強《べんきょう》や生活《せいかつ》に必要《ひつよう》なものは
親《おや》が買《か》ってくれる
国語《ご》
必要《ひつよう》というわけでは
ないけど欲《ほ》しいものは
自分《じぶん》のおこづかいや
お年玉《としだま》で買《か》うって
決《き》まっているんだ
お年《とし》玉《だま》
おめでとう
あと、誕生日《たんじょうび》には
欲《ほ》しいものを買《か》ってもらえる
必要《ひつよう》なのか
欲《ほ》しいのかを
必《ひつ》要《よう》
欲《ほ》しい
しっかり考《かんが》える
ことが大事《だいじ》なんだ
必要《ひつよう》なのか、
欲《ほ》しいのか——
う〜ん
区別《くべつ》して考《かんが》えたこと
なかったなぁ
僕《ぼく》は、ちゃんと
お金《かね》を使《つか》えているのかなぁ

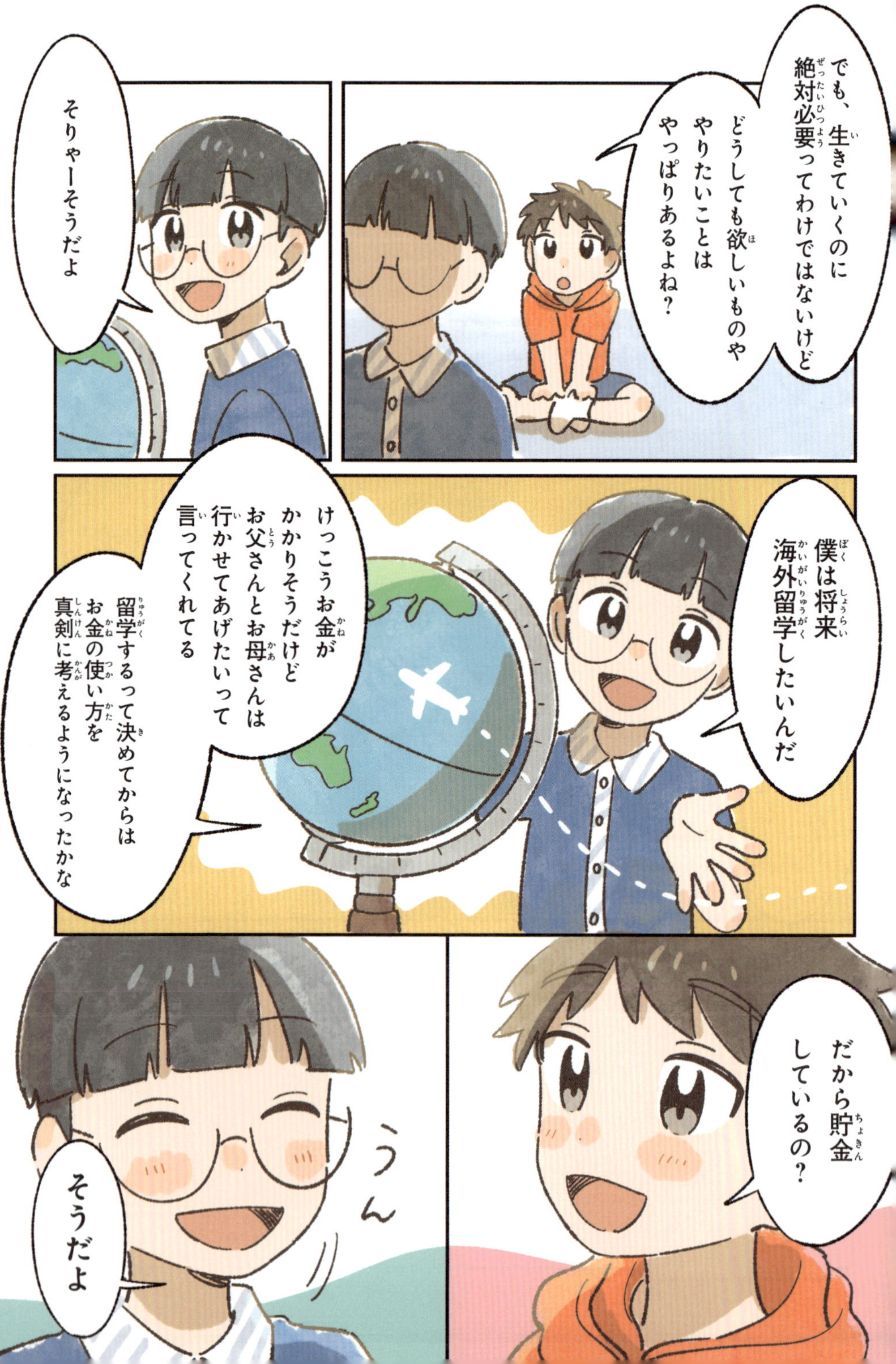
でも、生《い》きていくのに絶対必要《ぜったいひつよう》ってわけではないけど
どうしても欲《ほ》しいものややりたいことはやっぱりあるよね？
そりゃーそうだよ
僕《ぼく》は将来《しょうらい》海外留学《かいがいりゅうがく》したいんだ
けっこうお金《かね》がかかりそうだけどお父《とう》さんとお母《かあ》さんは行《い》かせてあげたいって言《い》ってくれてる
留学《りゅうがく》するって決《き》めてからはお金《かね》の使《つか》い方《かた》を真剣《しんけん》に考《かんが》えるようになったかな
だから貯金《ちょきん》しているの？
うん
そうだよ

じゃあ、僕《ぼく》もコーヒー屋《や》さんの売上《うりあげ》を貯金《ちょきん》したほうがいいのかなぁ？
貯金《ちょきん》した、そのお金《かね》でやりたいことはあるの？
うーん…
う〜〜ん

New
100g/1200円
エチオピア
あれ？ 新《あたら》しい豆《まめ》が入《はい》ったんですか？
珍《めずら》しい豆《まめ》が入《はい》りましてこちらの豆《まめ》は香《かお》りと味《あじ》わいが独特《どくとく》なんですよ
へ～！
あ！
お父《とう》さんやお母《かあ》さんだけじゃなくもっとたくさんの人《ひと》に自分《じぶん》のコーヒーを飲《の》んでもらいたい美味《おい》しいって言《い》ってもらいたい！

その日《ひ》の夜《よる》

ねえ、お母《かあ》さん、来月《らいげつ》のふれあい祭《まつ》りに僕《ぼく》のコーヒー屋《や》さんを出《だ》せないかなぁ？
それはいいかも運営《うんえい》の人《ひと》に聞《き》いてみるわね
たくさんの人《ひと》に飲《の》んでもらうためには豆《まめ》もコーヒーを入《い》れる道具《どうぐ》も買《か》い足《た》さなければならない
けれど、手持《ても》ちのお金《かね》でなんとか足《た》りそうだ ふれあい祭《まつ》りの売上《うりあげ》は裕樹君《ゆうきくん》みたいに僕《ぼく》も貯金《ちょきん》しておこう
今《いま》はまだ、そのお金《かね》を何《なに》に使《つか》いたいのかはわからないけど どうしても欲《ほ》しいものや やりたいことが出《で》てきたときのために

自分《じぶん》のお金《かね》は有限《ゆうげん》、何《なに》にどう使《つか》うかは自分《じぶん》で決《き》める

お金《かね》の使《つか》い方《かた》は多種多様《たしゅたよう》

ポイントは3つ

Level.1

生活《せいかつ》のために

モノやサービスを買《か》う

生活必需品《せいかつひつじゅひん》や
生活《せいかつ》を便利《べんり》にするもの
食料《しょくりょう》、住居《じゅうきょ》、衣料品《いりょうひん》、
家具《かぐ》、家電《かでん》、医療《いりょう》

学《まな》ぶ・楽《たの》しむ
学校《がっこう》の授業料《じゅぎょうりょう》、本《ほん》、音楽《おんがく》、
スポーツ教室《きょうしつ》、旅行《りょこう》など

選《えら》び方《かた》で
値段《ねだん》は大《おお》きく異《こと》なる

いとこの
裕樹君《ゆうきくん》の
「お金《かね》の使《つか》い方《かた》」
講座《こうざ》

一人《ひとり》の人間《にんげん》やひとつの家族《かぞく》はどんなことにお金《かね》を使《つか》っているのでしょう。まずは生《い》きていくために必要《ひつよう》な食料《しょくりょう》や衣料品《いりょうひん》、住《す》まいなどを確保《かくほ》しなければなりません。生《せい》活《かつ》を便利《べんり》にする道具《どうぐ》も揃《そろ》えたいですね。単《たん》に生《い》きているだけではなく、子《こ》どもは大人《おとな》になるために、大人《おとな》も必要《ひつよう》に応《おう》じて学《まな》んだり、また好《す》きなことなどで楽《たの》しんだりする時間《じかん》も持《も》ちたいですよね。

今《いま》の生活《せいかつ》だけではなく、将来《しょうらい》、病気《びょうき》やケガなどのトラブルに遭《あ》ったり、大《おお》きなお金《かね》が必要《ひつよう》になった

Level.3

他《ほか》の人《ひと》や

社会《しゃかい》のために

贈《おく》り物《もの》や寄付《きふ》

お金《かね》を使《つか》う以外《いがい》にも、
行動《こうどう》を提供《ていきょう》する
ボランティアという方法《ほうほう》もある

Level.2

将来《しょうらい》に備《そな》える

貯金《ちょきん》

投資《とうし》

保険《ほけん》

社会保険以外《しゃかいほけんいがい》は
金融機関《きんゆうきかん》を使《つか》う

りしたときの備《そな》えもしておきたい。貯金《ちょきん》して、社会保険《しゃかいほけん》の保険料《ほけんりょう》を納《おさ》め、さらに民間《みんかん》の保険《ほけん》に入《はい》ったり、余裕《よゆう》のあるお金《かね》を投資《とうし》に回《まわ》したりする人《ひと》もいます。自分《じぶん》と家族《かぞく》のためにお金《かね》を使《つか》うだけではなく、他《ほか》の人《ひと》や社会《しゃかい》のために自分《じぶん》のお金《かね》の一部《いちぶ》を寄付《きふ》する人《ひと》もいます。

代表的《だいひょうてき》な金融機関《きんゆうきかん》（民間《みんかん》）

銀行《ぎんこう》 …
貯金《ちょきん》（預金《よきん》）や投資《とうし》ができる。口座《こうざ》からの支払《しはら》い、他《ほか》の人《ひと》の口座《こうざ》への振込《ふりこみ》、借入《かりいれ》もできる

証券会社《しょうけんがいしゃ》 …
株《かぶ》の売買《ばいばい》を仲介《ちゅうかい》してもらうなど投資《とうし》ができる

保険会社《ほけんがいしゃ》 …
保険料《ほけんりょう》を払《はら》うことで、死亡《しぼう》、入院《にゅういん》、自動車事故《じどうしゃじこ》、災害《さいがい》による損害《そんがい》などに対《たい》し、契約《けいやく》にもとづいた保険金《ほけんきん》を受《う》け取《と》れる

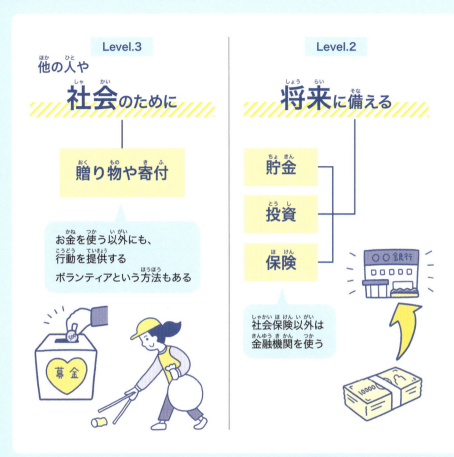

自分《じぶん》のお金《かね》をやりくりするときの心得《こころえ》

使《つか》えるお金《かね》は有限《ゆうげん》な中《なか》、やりくりするにはどうしたらいいでしょう？　まず、家計《かけい》と社会《しゃかい》のお金《かね》の関係《かんけい》を見《み》てみましょう。

家計《かけい》は、収入《しゅうにゅう》から税金《ぜいきん》と社会保険料《しゃかいほけんりょう》を国《くに》や地方自治体《ちほうじちたい》に納《おさ》めるため、実際《じっさい》に使《つか》えるのは手取《てど》り収入《しゅうにゅう》の部分《ぶぶん》。ただし、困《こま》ったことが起《お》きたときには国《くに》などから給付《きゅうふ》を受《う》けられます。例《たと》えば子《こ》どもがいる家庭《かてい》はその分《ぶん》支出《ししゅつ》が増《ふ》えるので税金《ぜいきん》から給付《きゅうふ》する仕組《しく》みもあります。社会保険《しゃかいほけん》や、税金《ぜいきん》を使《つか》う社会保障《しゃかいほしょう》は生活《せいかつ》を支《ささ》えるセーフティネットです。とはいえ、自分《じぶん》らしい生活《せいかつ》を実現《じつげん》するには、自分《じぶん》のお金《かね》を主体《しゅたい》にやりくりするのが原則《げんそく》です。

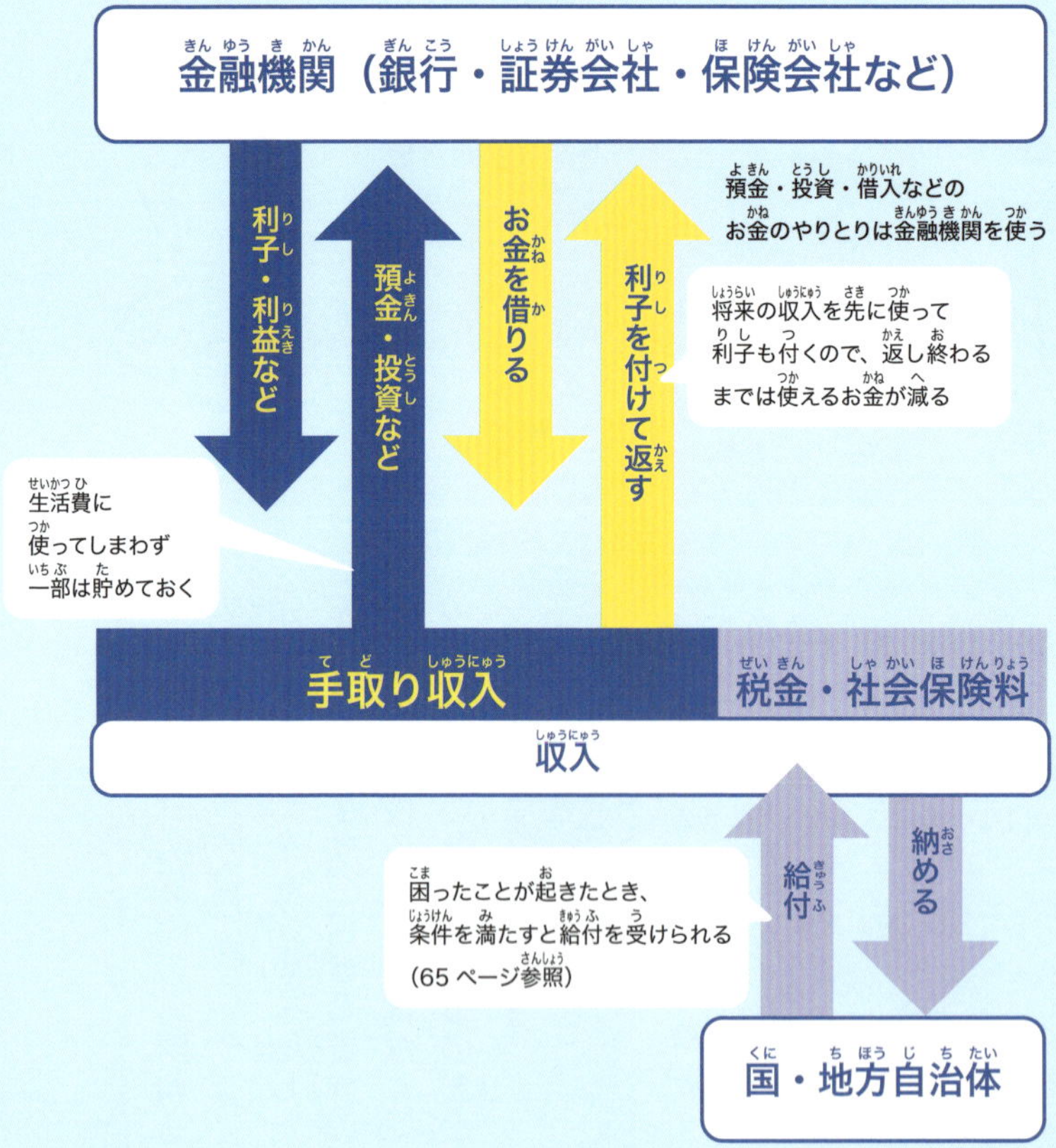

ポイントは3つ

手《て》取《ど》り収入《しゅうにゅう》の範《はん》囲《い》でやりくりする

特別《とくべつ》なことがない限《かぎ》り生活費《せいかつひ》はその月《つき》の手《て》取《ど》り収入《しゅうにゅう》でやりくりするのが鉄則《てっそく》。

将来《しょうらい》に備《そな》えて貯《た》めておく

お金《かね》を貯《た》めることは、今《いま》の収入《しゅうにゅう》を将来《しょうらい》の自分《じぶん》に送《おく》ること。貯《た》めたお金《かね》には利子《りし》が付《つ》いて増《ふ》える（106ページ参照《さんしょう》）。

どうしても足《た》りないときは借《か》りる

お金《かね》を借《か》りることは、将来《しょうらい》の収入《しゅうにゅう》を今《いま》使《つか》うこと。借《か》りたお金《かね》は利子《りし》を付《つ》けて返《かえ》すので借《か》りた金《きん》額《がく》以《い》上《じょう》に使《つか》うことになる（106ページ参《さん》照《しょう》）。

やりくり計画《けいかく》の例《れい》

おこづかいでやりくりの練習《れんしゅう》をしてみましょう。これから1年《ねん》など少《すこ》し長《なが》い期間《きかん》でお金《かね》の使《つか》い方《かた》を考《かんが》えます。

① 使《つか》えるお金《かね》を確認《かくにん》する

これから1年間《ねんかん》で使《つか》えるお金《かね》は？
1か月《げつ》のおこづかいが1000円《えん》なら、
1000円《えん》×12か月《げつ》＝1万《まん》2000円《えん》
プラスお年玉《としだま》などの臨時収入《りんじしゅうにゅう》1万《まん》5000円《えん》くらい？
（昨年《さくねん》の金額《きんがく》から予想《よそう》）
予算《よさん》：1万《まん》2000円《えん》+1万《まん》5000円《えん》＝2万《まん》7000円《えん》

② 計画《けいかく》を立《た》てる

毎月《まいつき》のおこづかいでは、お菓子《かし》や文房具《ぶんぼうぐ》など欲《ほ》しいものを買《か》う。
ただし、**必《かなら》ず200円《えん》は貯《た》めておく。**
1年間《ねんかん》では200円《えん》×12か月《げつ》＝2400円《えん》が貯《た》まる
貯《た》めたお金《かね》とお年玉《としだま》を合《あ》わせてゲームソフトを買《か》う。
ゲームソフトの予算《よさん》は5000円《えん》〜6000円《えん》。値段《ねだん》を調《しら》べる。
お年玉《としだま》の残《のこ》りは、仲良《なかよ》しの友達《ともだち》の誕生日《たんじょうび》プレゼントや貯金《ちょきん》に。

③ 記録《きろく》する

おこづかいをもらったら**入金《にゅうきん》**、使《つか》ったら**出金《しゅっきん》**、
手元《てもと》のお金《かね》は**残高《ざんだか》**としてノートに付《つ》ける。

④ 確認《かくにん》とまとめ

ときどきお金《かね》の使《つか》い方《かた》や残高《ざんだか》を**確認《かくにん》**する。
使《つか》い過《す》ぎた翌月《よくげつ》は引《ひ》きしめて**調節《ちょうせつ》**する。
予定《よてい》の期間《きかん》が終《お》わったら**収支《しゅうし》をまとめる。**

まとめ　1年間《ねんかん》の収入合計《しゅうにゅうごうけい》2万《まん》8000円《えん》、使《つか》ったお金《かね》2万《まん》1400円《えん》、残《のこ》り6600円《えん》（来年《らいねん》に繰越《くりこし》）。お祭《まつ》りでたくさん使《つか》ってしまった。地震《じしん》の被災地《ひさいち》に寄付《きふ》もしたけど、多《おお》めに貯金《ちょきん》した月《つき》があったので1年間《ねんかん》では黒字《くろじ》になった。

必要《ひつよう》なものと欲《ほ》しいものの見分《みわ》け方《かた》

子《こ》どもの場合《ばあい》、生活《せいかつ》に必要《ひつよう》なものは親《おや》など保護者《ほごしゃ》が用意《ようい》してくれるのが一般的《いっぱんてき》です。おこづかいでは欲《ほ》しいものを買《か》う人《ひと》がほとんどでしょう。しかし、大人《おとな》になったら必要《ひつよう》なものと欲《ほ》しいものの両方《りょうほう》を自分《じぶん》のお金《かね》でやりくりします。

必要《ひつよう》なものは、それがないと生《せい》活《かつ》できないもの。例《たと》えば、食料《しょくりょう》、衣類《いるい》、トイレットペーパー、洗剤《せんざい》や歯《は》みがき粉《こ》など。勉強《べんきょう》に使《つか》うノートや文房具《ぶんぼうぐ》も必要《ひつよう》なものに入《はい》ります。欲《ほ》しいものは、なくても生活《せいかつ》できるもの。ゲーム、おもちゃ、お菓子《かし》、旅行《りょこう》など。

ただし、例《たと》えば、何枚《なんまい》もシャツを持《も》っているのに新《あたら》しいものやもっとおしゃれなものが欲《ほ》しくなったら……、友達《ともだち》が使《つか》っている新《あたら》しい文房具《ぶんぼうぐ》がうらやましくて欲《ほ》しくなったら……、どっちでしょう？　〝欲《ほ》しいもの〟ですよね。単《たん》にものの種類《しゅるい》ではなく、それがないと、ふだんの生活《せいかつ》ができないかが見分《みわ》けるポイントです。

とはいえ、欲《ほ》しいものが何《なに》も手《て》に入《はい》らないと心《こころ》が満《み》たされないでしょう。欲《ほ》しいものは、なくても生活《せいかつ》はできるけど、あると楽《たの》しいし充実《じゅうじつ》した時間《じかん》を過《す》ごすことができます。

まずは、必要《ひつよう》なものを収入《しゅうにゅう》や手《て》持《も》ちのお金《かね》の中《なか》で無理《むり》のない金額《きんがく》で買《か》い、残《のこ》りのお金《かね》で欲《ほ》しいものを買《か》う、欲《ほ》しいものがたくさんあるなら優先順位《ゆうせんじゅんい》をつけることです。

必要《ひつよう》なものと欲《ほ》しいものを見分《みわ》けて上手《じょうず》に買《か》うには……

いくらまで
お金《かね》を出《だ》すか
予算《よさん》を決《き》める

買《か》いたいものを
リストアップする

優先順位《ゆうせんじゅんい》の高《たか》い
ものから買《か》う

必要《ひつよう》なものか
欲《ほ》しいものかを考《かんが》えて
優先順位《ゆうせんじゅんい》をつける

買《か》うか買《か》わないか、決《き》め手《て》は？

買《か》い物《もの》のとき、一番《いちばん》気《き》になることはなんですか？

安《やす》い方《ほう》がいい

高《たか》くても品質《ひんしつ》のよいものがいい

長《なが》く使《つか》えそうなものがいい

デザインや見《み》た目《め》が
すごく気《き》になる

誰《だれ》もが知《し》っているブランドや
メーカーのものが安心《あんしん》

人《ひと》によりいろいろな考《かんが》え方《かた》があるでしょう。なるべく安《やす》くて、品《ひん》質《しつ》もそこそこで、見《み》た目《め》もカッコいいものが欲《ほ》しいと欲《よく》張《ば》りな人《ひと》もいそうですね。

そもそも必要《ひつよう》なのか、どうしても欲《ほ》しいのかを再確認《さいかくにん》した上《うえ》で、**自分《じぶん》が出《だ》せる金額《きんがく》の範囲《はんい》で買《か》えるものを、いろいろな角度《かくど》から見《み》て選《えら》ぶ**のが、もっとも失敗《しっぱい》が少《すく》なく、満足《まんぞく》のいく買《か》い物《もの》になるでしょう。

今《いま》は買《か》わない、お金《かね》を貯《た》めてから値《ね》段《だん》は高《たか》めだけれど品質《ひんしつ》のよい製品《せいひん》を買《か》おうと判断《はんだん》するケースもあるでしょう。いずれ手《て》に入《い》れたいものがあると励《はげ》みになります。**リストアップして、お金《かね》を貯《た》めて○○を買《か》う、○○をするなど目標《もくひょう》を決《き》めるといい**ですね。

安《やす》ければいい？ 買《か》い物《もの》は商品《しょうひん》への投票《とうひょう》

使《つか》えるお金《かね》には限《かぎ》りがありますから、買《か》う側《がわ》は安《やす》い方《ほう》がありがたい。一方《いっぽう》、売《う》る側《がわ》は高《たか》く売《う》れた方《ほう》が儲《もう》かります。両方《りょうほう》の要望《ようぼう》がぶつかり合《あ》って値段《ねだん》が決《き》まり、そして変動《へんどう》します（値段《ねだん》が決《き》まる要素《ようそ》は他《ほか》にもあります。103ページ参照《さんしょう》）。

自分《じぶん》にとって高《たか》いか安《やす》いかだけではなく、商品《しょうひん》の価値《かち》に値段《ねだん》が見《み》合《あ》っているかどうかも考《かんが》えてみましょう。

1つの商品《しょうひん》を作《つく》るには、さまざまな人《ひと》が関《かか》わり、いろいろな技術《ぎじゅつ》が使《つか》われます。利益《りえき》が出《で》ないと事《じ》業《ぎょう》を継続《けいぞく》することも社員《しゃいん》に給与《きゅうよ》を払《はら》うこともできません。また、商《しょう》品《ひん》を作《つく》る際《さい》に環境《かんきょう》に配慮《はいりょ》しているか、社員《しゃいん》に無理《むり》な働《はたら》き方《かた》をさせていないかも重要《じゅうよう》です。**大人《おとな》になったら、消費者《しょうひしゃ》として商品《しょうひん》を買《か》うだけでなく、働《はたら》いて商品《しょうひん》を提供《ていきょう》する立場《たちば》にもなります。**

買《か》うか買《か》わないかを判断《はんだん》するとき、その商品《しょうひん》を手《て》に入《い》れると自分《じぶん》にどんなメリットがあるかに加《くわ》えて、商品《しょうひん》がどのように作《つく》られているかも機会《きかい》があれば調《しら》べてみませんか。**買《か》い物《もの》は商品《しょうひん》と作《つく》っている会社《かいしゃ》への投票《とうひょう》**でもあります。

まとめ

生《い》きていくにはいろいろなことにお金《かね》を使《つか》うから、必要《ひつよう》なものと欲《ほ》しいものを見分《みわ》けて優先順位《ゆうせんじゅんい》をつける

1000
スッ

第5章

どんどん変《か》わる
お金《かね》の形《かたち》

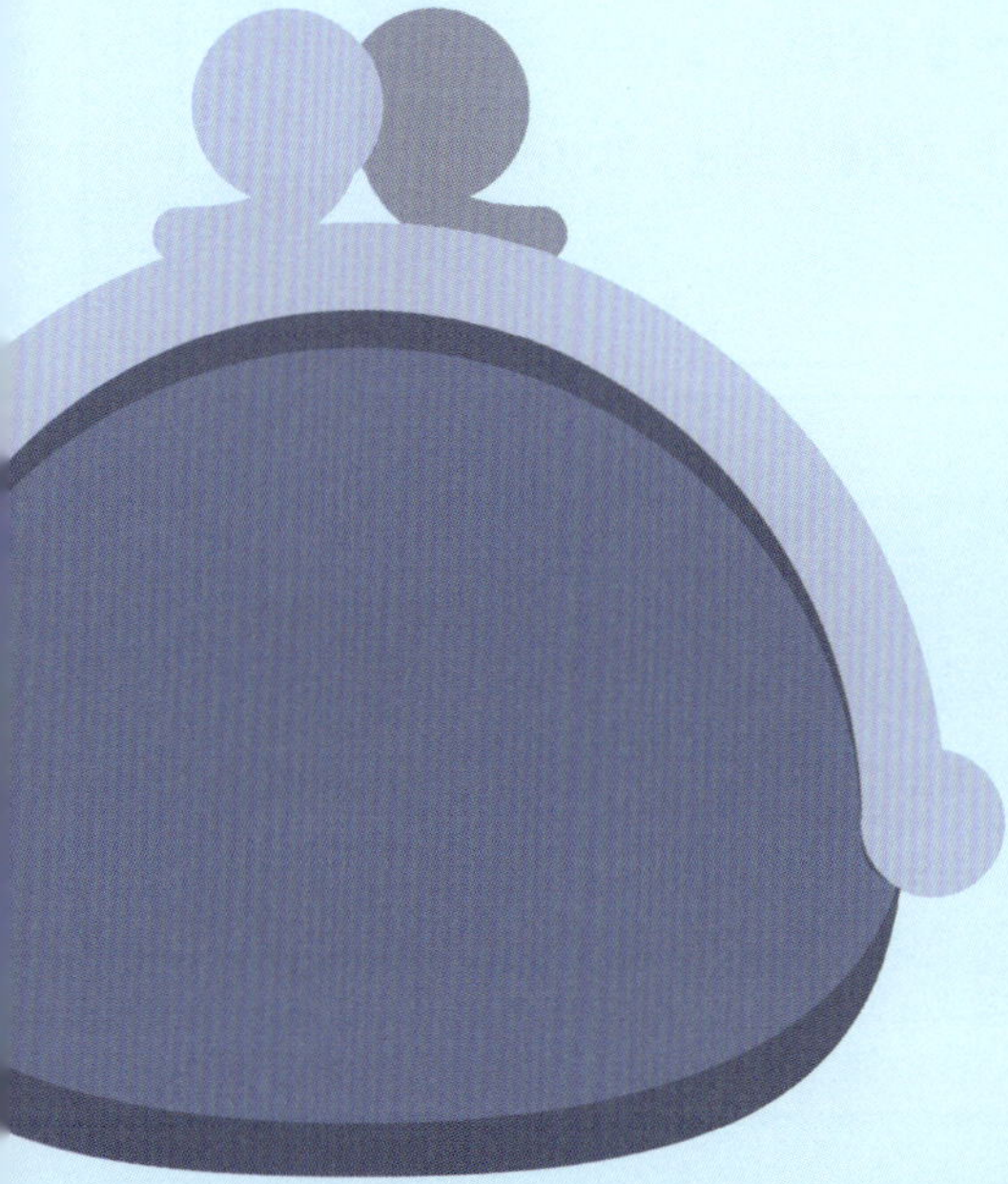

ふれあい祭《まつ》り当日《とうじつ》――
入《い》れたて! コーヒーのお店《みせ》
注文後《ちゅうもんご》に入《い》れるので 少《すこ》しだけ待《ま》ってください。一度《いちど》に３人分《にんぶん》まで入《い》れられます。
祭《まつ》りの主催者《しゅさいしゃ》だった カフェのオーナーに相談《そうだん》して 準備《じゅんび》を整《ととの》えた
メニューは４種類《しゅるい》
MENU
コーヒー 300円《えん》
ほうじ茶《ちゃ》ラテ 300円《えん》
コーヒーセット（お菓子《かし》付《つ》き）500円《えん》
ほうじ茶《ちゃ》ラテセット（お菓子《かし》付《つ》き）500円《えん》
値段《ねだん》は それぞれ ３００円《えん》と５００円《えん》
この日《ひ》のために ３人分《にんぶん》を入《い》れられる ドリッパーも買《か》った
たくさん注文《ちゅうもん》が あるといいなぁ

これまで何度《なんど》も入《い》れて
慣《な》れているけど
ドキ
ドキ
家《いえ》とは違《ちが》って
家族《かぞく》が相手《あいて》ではないし
しかも量《りょう》もたくさんに
なると思《おも》うと緊張《きんちょう》する
さすがに一人《ひとり》では難《むずか》しいから
宙《そら》にアルバイトを頼《たの》んだ
お客《きゃく》さんから注文《ちゅうもん》を聞《き》いて
それを伝票《でんぴょう》に記入《きにゅう》して
僕《ぼく》に渡《わた》す役《やく》だ
裕樹君《ゆうきくん》と正美《まさみ》おばさんも
手伝《てつだ》ってくれることになった
ふれあい祭《まつ》りは
午前《ごぜん》11時《じ》から
夕方《ゆうがた》の4時《じ》まで
途中《とちゅう》で1回《かい》
僕《ぼく》は休憩《きゅうけい》をとって
そのときはお父《とう》さんが
替《か》わってくれる予定《よてい》だ
いよいよ開店《かいてん》!

午前中《ごぜんちゅう》
どうぞ!!
はい!
1杯《ぱい》ください
コーヒーだって1杯《ぱい》もらおうか
美味《おい》しそうなにおいだなぁ
正午《しょうご》
午後《ごご》1時《じ》
食後《しょくご》にもらおう
ぼくもいるー
少《すこ》しお時間《じかん》いただきます〜
ポン
成君《なるくん》、落《お》ち着《つ》いて
今《いま》、美味《おい》しいコーヒーを入《い》れているところです お楽《たの》しみに!

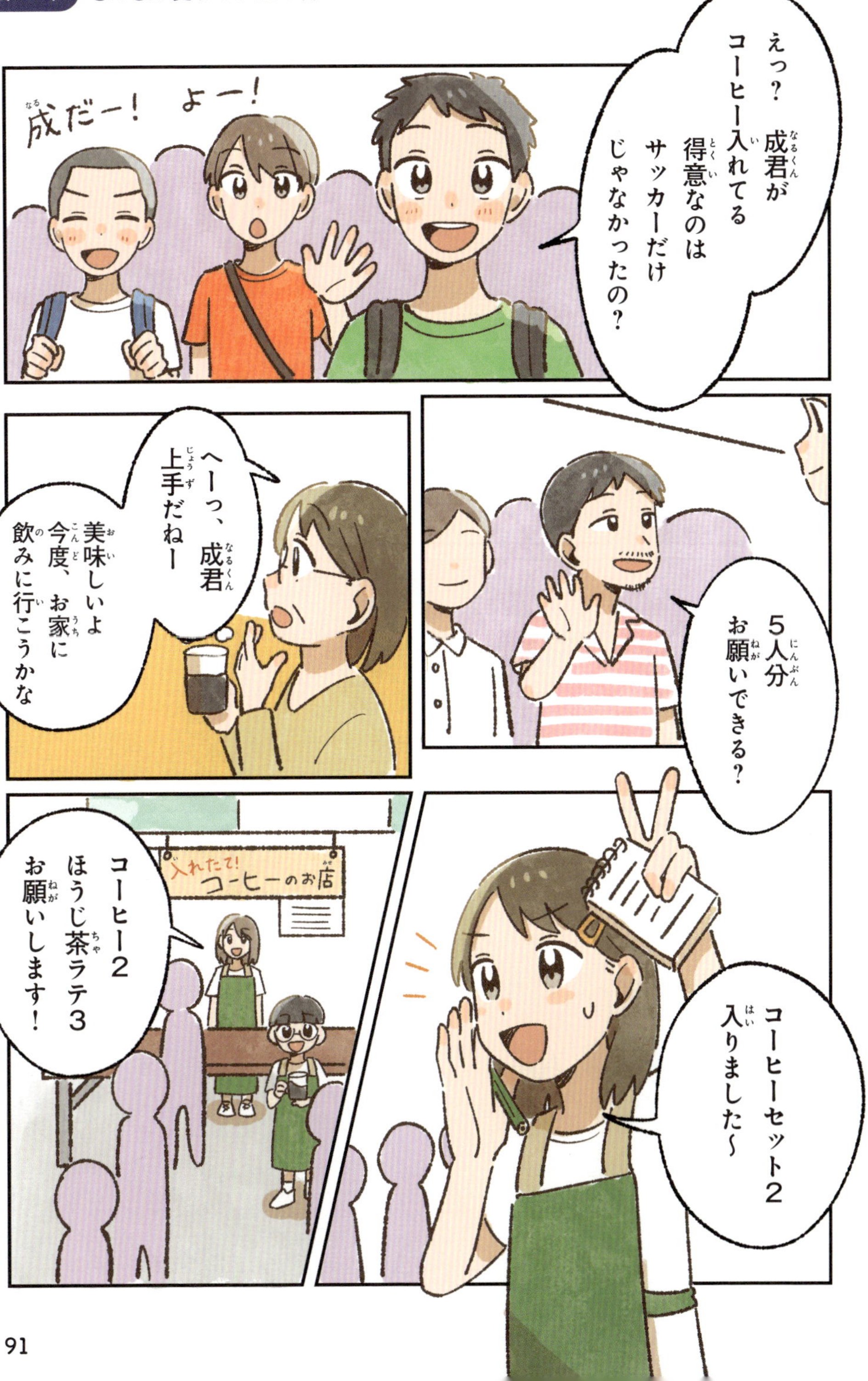
えっ？ 成君《なるくん》が コーヒー入《い》れてる 得意《とくい》なのは サッカーだけ じゃなかったの？
成《なる》だー！
よー！
5人分《にんぶん》 お願《ねが》いできる？
へーっ、成君《なるくん》 上手《じょうず》だねー
美味《おい》しいよ 今度《こんど》、お家《うち》に 飲《の》みに行《い》こうかな
コーヒーセット2 入《はい》りました～
入《い》れたて！ コーヒーのお店《みせ》
コーヒー2 ほうじ茶《ちゃ》ラテ3 お願《ねが》いします！

……成《なる》、
成《なる》！
交代《こうたい》しようかって何度《なんど》も声《こえ》かけたけどちっとも気《き》がつかなかったね
そうだったの？夢中《むちゅう》だったから

ずっと立《た》ったままでコーヒー入《い》れっぱなしで大丈夫《だいじょうぶ》？
大丈夫《だいじょうぶ》
こうなったら最後《さいご》まで頑張《がんば》るよ
本日《ほんじつ》はご来場《らいじょう》ありがとうございました。
終《お》わった～
すとっ
ふーっ
お疲《つか》れ様《さま》！
よく頑張《がんば》ったわね

お母《かあ》さん 僕《ぼく》、銀行《ぎんこう》に 口座《こうざ》あったよね
ふれあい祭《まつ》りの売上《うりあげ》は 材料費《ざいりょうひ》などを引《ひ》いて主催者《しゅさいしゃ》に納《おさ》めたけど…
お母《かあ》さんから家計《かけい》の話《はなし》を 教《おし》えてもらって
生活《せいかつ》するには けっこうなお金《かね》がかかること
その上《うえ》、僕《ぼく》と宙《そら》の学費《がくひ》が これからまだまだ かかることを知《し》った

翌日《よくじつ》――
はい、これ
通帳《つうちょう》
小《ちい》さい頃《ころ》のお年玉《としだま》とオーナーさんからのお礼代《れいだい》を入《い》れてあるわよ
ドキドキ
ペラッ
90,000
貯金《ちょきん》するの？
貯金《ちょきん》は本当《ほんとう》に必要《ひつよう》になったときに使《つか》うのよ
これから自分《じぶん》のお金《かね》は自分《じぶん》で管理《かんり》してね
えっ、いいの？

家《いえ》でのコーヒー屋《や》さんの売上《うりあげ》も
一部《いちぶ》は銀行《ぎんこう》に預《あず》けることにしよう
ありがとう
それから…
成《なる》には紙《かみ》の通帳《つうちょう》を
渡《わた》したけど
お父《とう》さんとお母《かあ》さんは
インターネット上《じょう》で管理《かんり》する
WEB通帳《つうちょう》を使《つか》っているの
通帳《つうちょう》もお金《かね》も
どんどん
ペーパーレスや
キャッシュレスが
進《すす》んでいるのよ
VISA
Suica
そういえば――
昨日《きのう》も宙《そら》が
困《こま》っていたなぁ
カードじゃダメ？
○○ペイは使《つか》えないの？
VISA

仕入《しい》れでも…
ギョッ
100g／800円《えん》→820円《えん》
円安《えんやす》による価格《かかく》高騰《こうとう》のため値上《ねあ》げさせていただきます。
なんだよ円安《えんやす》って
くそ
くそ
そのせいで予定《よてい》よりも豆《まめ》の仕入《しい》れが高《たか》くなったんだ
お金《かね》の世界《せかい》にもいろんな変化《へんか》があるんだなぁ
ただ、稼《かせ》いで貯《た》めればいいってわけでもなさそうだ
今度《こんど》、正美《まさみ》おばさんが家《いえ》に遊《あそ》びに来《き》たときに聞《き》いてみよう

お金《かね》は社会《しゃかい》の変化《へんか》を映《うつ》し出《だ》す

宙《そら》の
「お金《かね》のカタチ」
（正美《まさみ》おばさんから
教《おし》えてもらったお金《かね》の話《はなし》）
講座《こうざ》

見《み》えないお金《かね》の価値《かち》を知《し》る

あなたの財布《さいふ》に、お店《みせ》のレジや金庫《きんこ》に……。お金《かね》はいろいろなところに散《ち》らばっています。全部《ぜんぶ》でどれくらいのお金《かね》が社会《しゃかい》にはあるのでしょう？　合計《ごうけい》すると日本《にほん》には2184・6兆円《ちょうえん》※のお金《かね》があります。このうち現金《げんきん》は112・1兆《ちょう》円《えん》※。……不思議《ふしぎ》ですか？　実《じつ》は現《げん》金《きん》よりも見《み》えないお金《かね》の方《ほう》が多《おお》いのです。見《み》えないお金《かね》は会社《かいしゃ》や個《こ》人《じん》の銀行口座《ぎんこうこうざ》などに数字《すうじ》として存《そん》在《ざい》しています。

働《はたら》いてもらう給与《きゅうよ》は、ほとんどの場合《ばあい》、銀行口座《ぎんこうこうざ》で受《う》け取《と》ります。使《つか》うときは、現金《げんきん》を引《ひ》き出《だ》して払《はら》う以外《いがい》にもクレジットカード払《ばら》いやスマホ決済《けっさい》などがあります（左図《ひだりず》を参照《さんしょう》）。

物々交換《ぶつぶつこうかん》の不便《ふべん》さを解消《かいしょう》するために生《う》まれたお金《かね》は、現在《げんざい》、各国《かっこく》が通貨《つうか》を発行《はっこう》して管理《かんり》しています。

「金融《きんゆう》」とは、お金《かね》を持《も》っている人《ひと》から必要《ひつよう》とする人《ひと》に融通《ゆうずう》することですが、金融《きんゆう》をビジネスとする金《きん》融機関《ゆうきかん》が生《う》まれ、発展《はってん》してきたことで、現金以外《げんきんいがい》のお金《かね》の量《りょう》が膨《ふく》らんできました。さらに、電子《でんし》マネーや、国籍《こくせき》がなくインターネット上《じょう》だけに存在《そんざい》する暗号資産《あんごうしさん》も登場《とうじょう》。お金《かね》の形《かたち》やお金《かね》のやりとりの方法《ほうほう》は、科学技術《かがくぎじゅつ》と社会《しゃかい》の進歩《しんぽ》にともない大《おお》きく変化《へんか》しています。

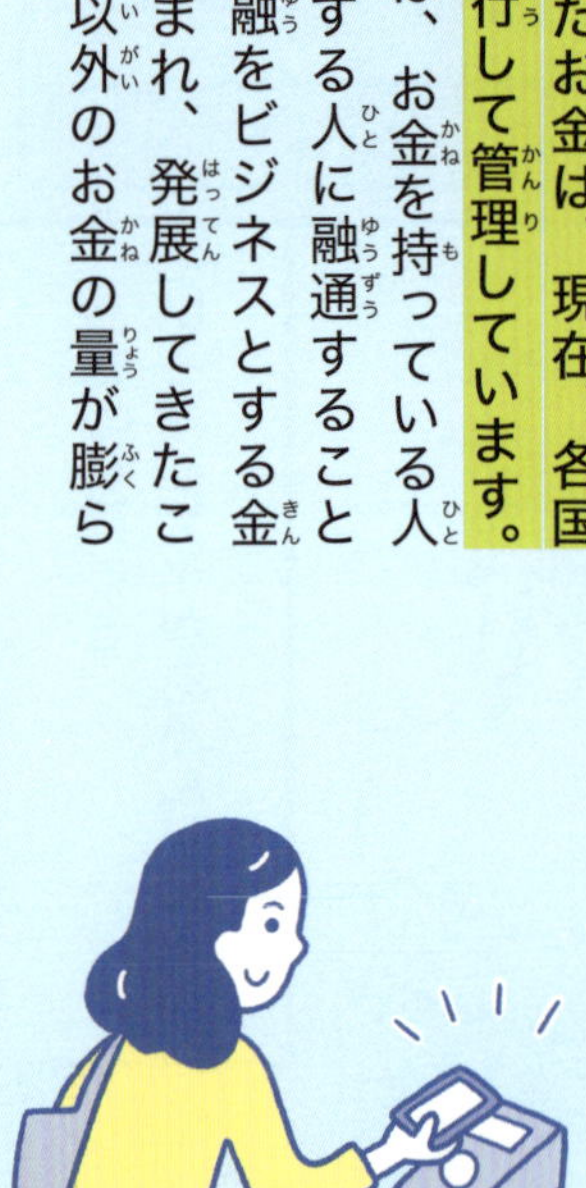

※日本銀行《にほんぎんこう》マネーストック速報《そくほう》2024年《ねん》11月《がつ》より。

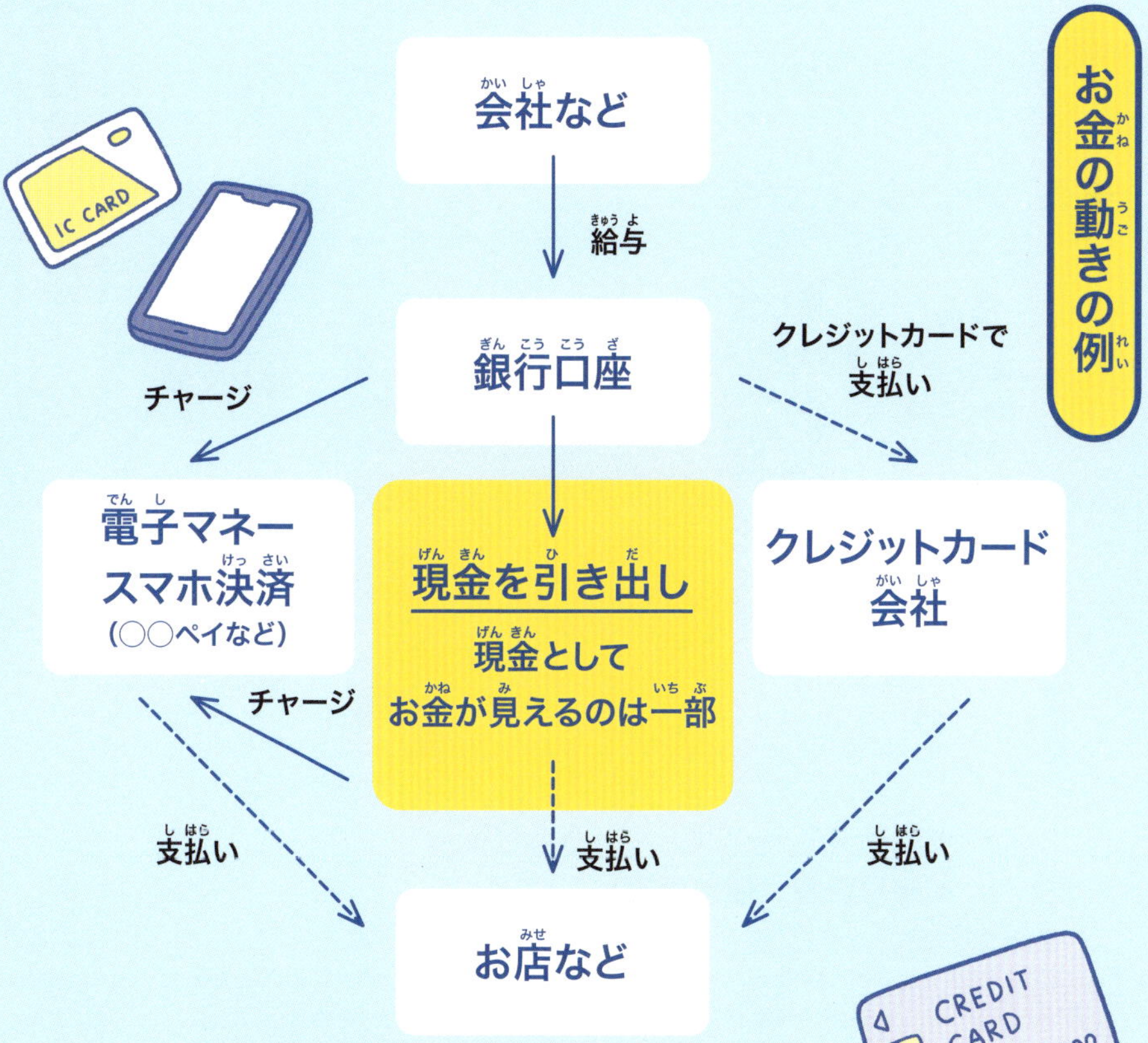

他《ほか》にも銀行《ぎんこう》が発行《はっこう》するデビットカードでは、
買《か》い物《もの》とほぼ同時《どうじ》に銀行口座《ぎんこうこうざ》から引《ひ》き落《お》として払《はら》える。

現金《げんきん》を使《つか》わないキャッシュレス支払《しはら》い

クレジットカード	クレジットカード会社《がいしゃ》が一時的《いちじてき》に立《た》て替《か》えてくれるので、現金《げんきん》がなくても買《か》い物《もの》できる。後日《ごじつ》、銀行口座《ぎんこうこうざ》引《ひ》き落《お》としでクレジットカード会社《がいしゃ》に支払《しはら》う。
電子《でんし》マネー	PASMOやSuicaやICOCAなど、お金《かね》を電子《でんし》データに交換《こうかん》(チャージ)し、電子《でんし》データで支払《しはら》う。
スマホ決済《けっさい》	スマホをかざしたり、QRコードを読《よ》み取《と》ったりして支払《しはら》う。銀行口座《ぎんこうこうざ》やクレジットカード、電子《でんし》マネーと紐《ひも》づけておき、そこから払《はら》われる。

お金《かね》の形《かたち》の変化《へんか》

未来《みらい》 ← 今《いま》 ―― 昔《むかし》

?

通貨《つうか》
国《くに》がお金《かね》（紙幣《しへい》と硬貨《こうか》）を発行《はっこう》

預り証《あずかしょう》
硬貨《こうか》の預り証《あずかしょう》を支払《しはら》いに使《つか》うように（紙幣《しへい》の原型《げんけい》）

金《きん》や銀《ぎん》の硬貨《こうか》

保存《ほぞん》できる**貝《かい》、布《ぬの》、米《こめ》**などがお金《かね》の代《か》わりに

物々交換《ぶつぶつこうかん》

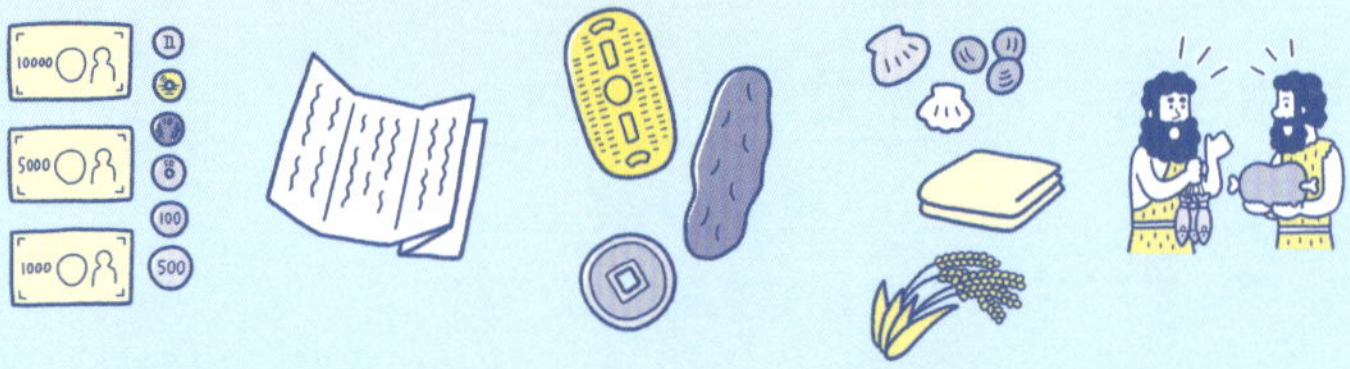

- **電子《でんし》マネー**
- **暗号資産《あんごうしさん》（仮想通貨《かそうつうか》）**

見《み》えないお金《かね》との付《つ》き合《あ》い方《かた》

お金《かね》のやりとりで重要《じゅうよう》な役割《やくわり》を担《にな》うのが金融機関《きんゆうきかん》です。金融機関《きんゆうきかん》が間《あいだ》に入《はい》り、現金《げんきん》の受《う》け渡《わた》しをせずにお金《かね》をやりとりすることを為替取引《かわせとりひき》といいます。遠《とお》くにいる相手《あいて》ともやりとりできます。為替取引《かわせとりひき》が発展《はってん》したことで便利《べんり》になった反面《はんめん》、注意点《ちゅういてん》も。

使《つか》えば目《め》に見《み》えて減《へ》る現金《げんきん》と違《ちが》い、数字《すうじ》だけで判断《はんだん》するキャッシュレス支払《しはら》いは使《つか》い過《す》ぎになりやすいと言《い》われています。中《なか》でも後《あと》払《ばら》いのクレジットカードは、大人《おとな》になって使《つか》うときは、引《ひ》き落《お》としのお金《かね》が足《た》りなくならないよう残高《ざんだか》を見《み》ながら計画的《けいかくてき》に。

国内《こくない》はもちろん海外《かいがい》ともオンラインでつながって、「数字《すうじ》のお金《かね》」は今後《こんご》ますます増《ふ》えていくでしょう。

お金《かね》で失敗《しっぱい》しないために、自分《じぶん》のお金《かね》を守《まも》るには？

お金《かね》の失敗《しっぱい》には、お金《かね》の管理《かんり》ができずに使《つか》い過《す》ぎて「大事《だいじ》なときにお金《かね》が足《た》りない」という自分自身《じぶんじしん》に原因《げんいん》があるものと、「友達《ともだち》にお金《かね》を貸《か》したら返《かえ》ってこない」「お金《かね》を盗《ぬす》まれた」「お金《かね》をだまし取《と》られた」など人《ひと》から被害《ひがい》を受《う》けるものがあります。お金《かね》の管理《かんり》については第《だい》4章《しょう》を参考《さんこう》にしてください。ここでは、被害《ひがい》から自分《じぶん》のお金《かね》を守《まも》るために心《こころ》がけたいことを紹介《しょうかい》します。

お金《かね》の貸《か》し借《か》り

友達《ともだち》とは原則《げんそく》お金《かね》の貸《か》し借《か》りをしない

友達《ともだち》とのお金《かね》のやりとりはやめましょう。ただし本当《ほんとう》に困《こま》っているときは別《べつ》。貸《か》すときは返《かえ》ってこない覚悟《かくご》で、自分《じぶん》が借《か》りたときはできる限《かぎ》り早《はや》く、そして必《かなら》ず返《かえ》しましょう。

信用《しんよう》を大事《だいじ》にする

家《いえ》を買《か》う、事業《じぎょう》を始《はじ》めるなどの目的《もくてき》でお金《かね》を借《か》りたいときは、金融機関《きんゆうきかん》から借《か》りることができます。その際《さい》、返《かえ》せる収入《しゅうにゅう》があるか、過去《かこ》にお金《かね》を借《か》りたかなどをもとに審査《しんさ》が行《おこな》われます。信用《しんよう》がないと、お金《かね》は貸《か》してもらえません。借《か》りたお金《かね》を期日《きじつ》までに返《かえ》すことを積《つ》み重《かさ》ねて信用《しんよう》が高《たか》まります。

盗難《とうなん》や詐欺《さぎ》などの被害《ひがい》に遭《あ》わないために

お金《かね》は簡単《かんたん》には稼《かせ》げないと肝《きも》に銘《めい》じる

お金《かね》を稼《かせ》ぐのは簡単《かんたん》ではありません。「ラクな仕事《しごと》で高収入《こうしゅうにゅう》」は正規《せいき》の仕事《しごと》ではない可能性大《かのうせいだい》。「あなただけに儲《もう》かる方法《ほうほう》を教《おし》えます」も気《き》を付《つ》けて。仕事《しごと》や投資《とうし》は、お金《かね》がどう動《うご》いて、どんな仕組《しく》みで利益《りえき》が出《で》るのかを想像《そうぞう》しましょう。

スマートフォンやインターネットの使《つか》い方《かた》に気《き》を付《つ》ける

SNSなどのオンライン環境《かんきょう》では、友達《ともだち》や家族以外《かぞくいがい》の見知《みし》らぬ人《ひと》とも簡単《かんたん》につながることができます。個人情報《こじんじょうほう》の発信《はっしん》は要注意《ようちゅうい》。インターネット上《じょう》の情報《じょうほう》は正《ただ》しいものばかりではないと知《し》っておきましょう。

知《し》っておきたい消費者《しょうひしゃ》を守《まも》る仕組《しく》み

「失敗《しっぱい》は成功《せいこう》のもと」ということわざがあるとおり、失敗《しっぱい》から学《まな》べることはたくさんあります。とはいえ、お金《かね》のことで大《おお》きな失敗《しっぱい》をすると取《と》り戻《もど》すのが大変《たいへん》になることも。子《こ》どもの頃《ころ》からお金《かね》を使《つか》ってやりくりすることで、お金《かね》との付《つ》き合《あ》いに慣《な》れていきましょう。もしも失敗《しっぱい》したときは、一人《ひとり》で悩《なや》まずに家族《かぞく》など親《した》しい人《ひと》に相談《そうだん》を。内容《ないよう》によっては公的《こうてき》な機関《きかん》に相談《そうだん》や届《とど》け出《で》をしましょう。

クーリングオフ制度《せいど》

商品《しょうひん》を買《か》う契約《けいやく》や申《もう》し込《こ》みをしたけれど、よく考《かんが》えてやめたいと思《おも》ったときは、商品《しょうひん》やサービスによっては、8日《ようか》以内《いない》ならクーリングオフができます。クーリングオフとは、ハガキなどで通知《つうち》をして無条件《むじょうけん》で契約《けいやく》を取《と》り消《け》すことです。

消費生活《しょうひせいかつ》センターの相談窓口《そうだんまどぐち》

商品《しょうひん》やサービスの購入《こうにゅう》でトラブルになった、悪質《あくしつ》商法《しょうほう》（強引《ごういん》な方法《ほうほう》で消費者《しょうひしゃ》に不利益《ふりえき》なモノやサービスを売《う》りつけること）などの疑《うたが》いがあるときは、各自治体《かくじちたい》が運営《うんえい》する消費生活《しょうひせいかつ》センターに相談《そうだん》を。だましてお金《かね》を奪《うば》い取《と》る詐欺《さぎ》は犯罪《はんざい》です。被害《ひがい》に遭《あ》ったら警察《けいさつ》にも届《とど》け出《で》を。

金融機関《きんゆうきかん》を活用《かつよう》する

現金《げんきん》には名前《なまえ》を書《か》けないので誰《だれ》のものかわかりづらく、盗《ぬす》まれても証明《しょうめい》が難《むずか》しい。一方《いっぽう》、金融機関《きんゆうきかん》を利用《りよう》するには、自分名義《じぶんめいぎ》の口座《こうざ》を開《ひら》くので、お金《かね》の持《も》ち主《ぬし》が明《あき》らかです。本人以外《ほんにんいがい》の人《ひと》が勝手《かって》に使《つか》えない仕組《しく》みも導入《どうにゅう》されています。日本《にほん》では、銀行《ぎんこう》などの金融機関《きんゆうきかん》は国《くに》の認可《にんか》を受《う》けるか届《とど》け出《で》をしないと営業《えいぎょう》できません。現金《げんきん》でのやりくりの次《つぎ》は、正規《せいき》の金融機関《きんゆうきかん》に自分《じぶん》の口座《こうざ》を開《ひら》いて活用《かつよう》すること。お金《かね》の受《う》け取《と》りや支払《しはら》い、積立《つみたて》でコツコツ貯《た》めるなど、お金《かね》を守《まも》りながら管理《かんり》できます。

社会《しゃかい》の状況《じょうきょう》で変《か》わるお金《かね》の価値《かち》

お金《かね》を持《も》っていると、いろいろなモノやサービスを買《か》うことができます。お金《かね》には価値《かち》があるのでしょうか？　お金《かね》そのものに価値《かち》があるというよりも、**モノやサービスと交換《こうかん》することでお金《かね》の価値《かち》が発揮《はっき》されます。**交換《こうかん》するときに必要《ひつよう》なお金《かね》の量《りょう》が値段《ねだん》です。モノやサービスの価値《かち》をお金《かね》の量《りょう》で表《あらわ》しているのです。だから、たくさんお金《かね》を持《も》っていれば、たくさんの、しかも高《たか》いモノやサービスとも交換《こうかん》できる……。ただし、**モノやサービスの値段《ねだん》はいつも同《おな》じではありません。**「今日《きょう》はお肉《にく》が安《やす》い」とか「レストランのメニューが値上《ねあ》げされた」なんて話《はなし》を聞《き》きますよね。値段《ねだん》は動《うご》いています。そもそも値段《ねだん》はどう決《き》まるのでしょう？

値段《ねだん》は売《う》りたい人《ひと》と買《か》いたい人《ひと》のバランスで決《き》まる

値段《ねだん》が決《き》まる理由《りゆう》はいくつかあります。

作《つく》る費用《ひよう》や仕入《しい》れ値《ね》

基本的《きほんてき》に値段《ねだん》は商品《しょうひん》を売《う》る人《ひと》が決《き》めます。商品《しょうひん》を作《つく》ったり仕入《しい》れたりするにはお金《かね》がかかるので、それ以《い》上《じょう》の値段《ねだん》を付《つ》けないと利益《りえき》が出《で》ません。どれくらい利益《りえき》を求《もと》めるかは商《しょう》品《ひん》やお店《みせ》によります。「他《ほか》の店《みせ》よりも安《やす》くしてたくさん売《う》ろう」「開発《かいはつ》するのに時間《じかん》がかかったから利益《りえき》を多《おお》めにしたい」など考《かんが》え方《かた》はさまざまです（左図《ひだりず》参照《さんしょう》）。

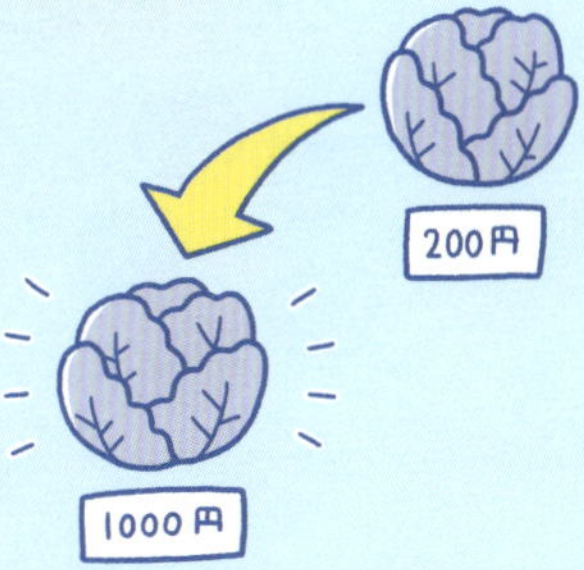

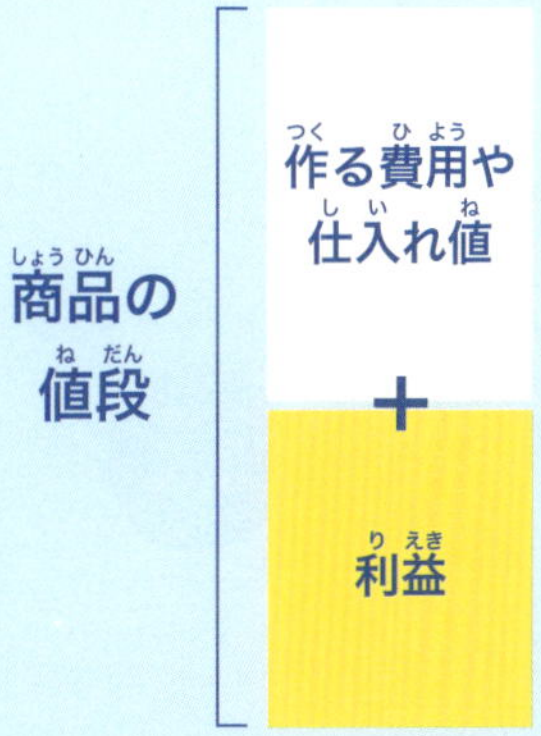

〈作《つく》る費用《ひよう》や仕入《しい》れ値《ね》＋利益《りえき》＝値段《ねだん》〉

買《か》いたい人《ひと》はいる？

値段《ねだん》は、買《か》いたい人《ひと》の判断《はんだん》にも左右《さゆう》されます。「○○円以下《えんいか》でないと買《か》わない」「高《たか》くても買《か》いたい」など、買《か》いたい人《ひと》にもいろいろな考《かんが》えがあるからです。

買《か》う人《ひと》が少《すく》なければ、売《う》れ残《のこ》らないように値段《ねだん》を下《さ》げるしかありません。逆《ぎゃく》に買《か》う人《ひと》が多《おお》くて、もっと高《たか》くても売《う》れそうなら値段《ねだん》を上《あ》げることができます。売《う》りたい量《りょう》＝供給《きょうきゅう》より、買《か》いたい量《りょう》＝需要《じゅよう》が多《おお》ければ値段《ねだん》は上《あ》がり、売《う》りたい量《りょう》より買《か》いたい量《りょう》が少《すく》なければ値段《ねだん》は下《さ》がります（下図参照《したずさんしょう》）。

〈売《う》りたい人《ひと》と買《か》いたい人《ひと》のバランスは？〉

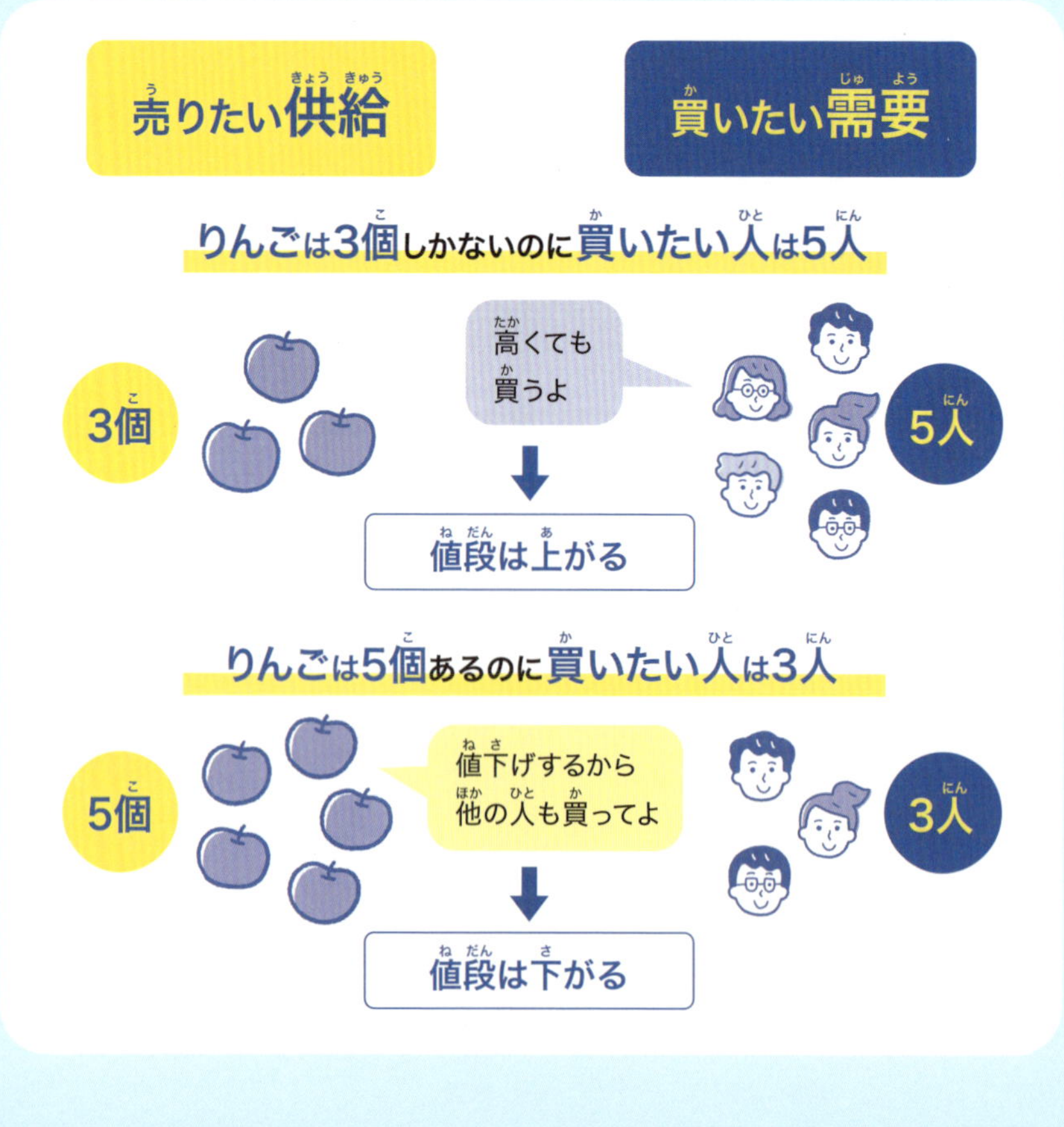

値段《ねだん》は外国《がいこく》の影響《えいきょう》も受《う》ける

第《だい》1章《しょう》（30ページ）でも紹介《しょうかい》した通《とお》り、現代社会《げんだいしゃかい》は世界的《せかいてき》な分業体《ぶんぎょうたい》制《せい》です。日本《にほん》では多《おお》くの食料《しょくりょう》を輸《ゆ》入《にゅう》しています。そのため、外国《がいこく》の天候不順《てんこうふじゅん》や災害《さいがい》で果物《くだもの》などの収穫《しゅうかく》量《りょう》が減《へ》る（供給《きょうきゅう》が減《へ》る）と日本《にほん》でも値段《ねだん》が上《あ》がります。また、外国為替《がいこくかわせ》の影響《えいきょう》も受《う》けます。外国為替《がいこくかわせ》とは、日本《にほん》の通貨《つうか》である円《えん》と外国《がいこく》の通貨《つうか》を交換《こうかん》することで、その比率《ひりつ》を外《がい》国為替《こくかわせ》レートといいます。外国為替《がいこくかわせ》レートは変動《へんどう》していて、**外国《がいこく》の通《つう》貨《か》に対《たい》して円《えん》が安《やす》くなることを円《えん》安《やす》、円《えん》が高《たか》くなることを円高《えんだか》といいます。**外国《がいこく》からの輸入品《ゆにゅうひん》は、円《えん》安《やす》になると値上《ねあ》がりし、円高《えんだか》になると値下《ねさ》がりします（下図参照《したずさんしょう》）。

〈外国為替《がいこくかわせ》の変動《へんどう》が日本《にほん》での値段《ねだん》に影響《えいきょう》〉

円《えん》と米《べい》ドルの場合《ばあい》

1米《べい》ドル ＝ 150円《えん》 → 1米《べい》ドル ＝ 160円《えん》

円《えん》安《やす》に

1米《べい》ドル手《て》にいれるのに必要《ひつよう》な円《えん》が増《ふ》える。円《えん》の価値《かち》が下《さ》がった。

1kg 2米《べい》ドルのオレンジは

300円《えん》 → 320円《えん》に値《ね》上《あ》がり

貯《た》めたお金《かね》の価値《かち》を維持《いじ》するには？

値段《ねだん》が全体的《ぜんたいてき》に上《あ》がっていくことを**インフレーション（通称《つうしょう》インフレ）**といいますが、収入《しゅうにゅう》が増《ふ》えないのにインフレでモノやサービスの値段《ねだん》が上《あ》がったら、買《か》えるものが減《へ》るので困《こま》りますね。逆《ぎゃく》に値段《ねだん》が全体的《ぜんたいてき》に下《さ》がっていくことを**デフレーション（通称《つうしょう》デフレ）**といいます。長期《ちょうき》でみると資本主義《しほんしゅぎ》の先進《せんしん》国《こく》（日本《にほん》を含《ふく》む）はインフレです。

インフレが起《お》きると、お金《かね》を貯《た》めても、お金《かね》の価値《かち》が下《さ》がります。例《たと》えば100万円《まんえん》貯《た》めても、今《いま》100万円《まんえん》のものが110万円《まんえん》になったら、100万《まん》円《えん》では買《か》えません。

お金《かね》を増《ふ》やすことにも、いずれ取《と》り組《く》んでみませんか。

お金《かね》がどれくらい増《ふ》えるかを表《あらわ》す金利《きんり》

金利《きんり》は1年間《ねんかん》でお金《かね》がどれくらい増《ふ》えるかを表《あらわ》します。例《たと》えば金利《きんり》1％なら1年後《ねんご》には1％増《ふ》えて101％になります。100万円《まんえん》なら101万円《まんえん》。10年後《ねんご》には110万円《まんえん》※。預《あず》けた場合《ばあい》は受《う》け取《と》るお金《かね》が増《ふ》えますが、借《か》りたら返《かえ》すお金《かね》が増《ふ》えます。金利《きんり》1％でお金《かね》を借《か》りたら1年後《ねんご》に101万円《まんえん》を返《かえ》します。**金融商品《きんゆうしょうひん》を利用《りよう》するときは、金利《きんり》を確認《かくにん》しましょう。**ただし、金利《きんり》が示《しめ》されていない金融商品《きんゆうしょうひん》もあります。

代表的《だいひょうてき》な金融商品《きんゆうしょうひん》は下《した》の表《ひょう》の通《とお》りです。いろいろな金融商品《きんゆうしょうひん》がありますが、以前《いぜん》からあり、これからも、大人《おとな》になっても利用《りよう》できる基本《きほん》の3つです。

※単利《たんり》の場合《ばあい》。増《ふ》えたお金《かね》がまた増《ふ》える複利《ふくり》もある。

代表的《だいひょうてき》な金融商品《きんゆうしょうひん》と金利《きんり》

種類《しゅるい》	金利《きんり》	特徴《とくちょう》
預金《よきん》	示《しめ》されている	金利《きんり》は高《たか》くないが、確実《かくじつ》にもらえる。
債券《さいけん》	示《しめ》されている	金利《きんり》は預金《よきん》より高《たか》めで、ほぼ確実《かくじつ》にもらえる。確率《かくりつ》は低《ひく》いがお金《かね》が戻《もど》らないリスクがある。
株式《かぶしき》	示《しめ》されていない (株価《かぶか》の変動《へんどう》による)	株価《かぶか》の変動《へんどう》を金利《きんり》に換算《かんさん》すると預金《よきん》や債券《さいけん》よりも高《たか》くなる可能性《かのうせい》がある。値下《ねさ》がりやお金《かね》が戻《もど》らないリスクがある。

まとめ

社会《しゃかい》には見《み》えないお金《かね》がたくさんあるから、数字《すうじ》に敏感《びんかん》に反応《はんのう》できる脳《のう》にしておきたい！大人《おとな》になったら金融機関《きんゆうきかん》との付《つ》き合《あ》いも本格的《ほんかくてき》になるよ

正美《まさみ》おばさんから教《おし》えてもらったよ

第6章

お金《かね》をどう使《つか》うかは自《じ》分《ぶん》次《し》第《だい》

ピーッ
くそー負《ま》けたー
また次《つぎ》があるよ
次《つぎ》こそ勝《か》つ！
そうだ！じゃあまたな！
おーい
よく頑張《がんば》ったね
あそこがいいんじゃない？

わぁーっ
はい、どうぞ
今朝《けさ》、早起《はやお》きして入《い》れてくれたのよね
ありがとう はい、じゃあ２５０円《えん》

今日《きょう》はお金《かね》はいらない
僕《ぼく》からみんなにごちそうするよ
私《わたし》も払《はら》わなくていいの？
ニヤ〜
みんなにはこれまでたくさん買《か》ってもらったしふれあい祭《まつ》りも手伝《てつだ》ってもらったから感謝《かんしゃ》の気持《きも》ち
てへへ

お兄《にい》ちゃん最近《さいきん》よく
コーヒー屋《や》さんのノートと
売上《うりあげ》のお金《かね》を見《み》ながら
考《かんが》え込《こ》んでいるんだよ
グッ
コーヒー屋《や》さん
すぐに辞《や》めちゃうのかなー
と思《おも》っていたけど
続《つづ》いていて感心《かんしん》しているのよ
もしかして
ごほうびに何《なに》か買《か》った？
もしかして
売上《うりあげ》と現金《げんきん》の
計算《けいさん》があわないの？

僕《ぼく》ね コーヒー屋《や》さんを始《はじ》めてから 変《か》わったんだよ
いろいろなことを知《し》ったんだ 社会《しゃかい》とお金《かね》のこととか…
100
100
?
僕《ぼく》がコーヒーを入《い》れて それにみんながお金《かね》を 払《はら》ってくれた
そのお金《かね》を僕《ぼく》が使《つか》って 次《つぎ》につないでいくのだけど 何《なに》にどう使《つか》おうかって すごく真剣《しんけん》に考《かんが》えるように なったんだ
11

だから、みんなにプレゼント
テヘ…
コーヒー無料《むりょう》
これはありがたいな！成《なる》の美味《おい》しいコーヒーを飲《の》むと頭《あたま》がスッキリして仕事《しごと》がはかどるんだよ
この半年《はんとし》いろいろあったね成長《せいちょう》したね
ありがとう
遊《あそ》びに行《い》ったときに使《つか》わせてもらうわね

スッ
これまで稼《かせ》いだお金《かね》も
これから稼《かせ》ぐだろうお金《かね》も
よく考《かんが》えて有意義《ゆういぎ》に使《つか》いたい
よし！
みんなで記念写真《きねんしゃしん》を撮《と》ろう！

写真《しゃしん》撮《と》りましょうか？
助《たす》かります

お金《かね》はひとつのモノサシ

成《なる》の「お金《かね》との付《つ》き合《あ》い方《かた》」講座《こうざ》

未来《みらい》の計画《けいかく》を立《た》ててみよう

自分《じぶん》の未来《みらい》について考《かんが》えることはありますか？　大人《おとな》になったら、どこに住《す》み、どんな仕事《しごと》をしているか。そんな先《さき》のことは想像《そうぞう》もつかないなら、これから行《い》ってみたい場所《ばしょ》、やってみたいこと、欲《ほ》しいものなど、思《おも》いつくことを書《か》き出《だ》してみましょう。すぐ先《さき》の未来《みらい》でも、ずっと先《さき》の未来《みらい》でも、今《いま》の時点《じてん》で思《おも》い描《えが》ける計画《けいかく》を立《た》ててみるのです。

計画《けいかく》を立《た》てるメリットは、そのためにこうしようと行動《こうどう》の目標《もくひょう》が立《た》つことです。ただし、実際《じっさい》には計画通《けいかくどお》りにいくとは限《かぎ》りません。そのときは計画《けいかく》を見直《みなお》して軌道修正《きどうしゅうせい》します。計画《けいかく》、行動《こうどう》、軌道修正《きどうしゅうせい》はセット。別《べつ》の新《あたら》しい計画《けいかく》を立《た》てるのもあり。行動《こうどう》することで、未来《みらい》に向《む》かって自分《じぶん》がどうありたいかが少《すこ》しずつハッキリしてくることでしょう。お金《かね》がかかる計画《けいかく》は、金額《きんがく》も調《しら》べておきます。

未来《みらい》の計画《けいかく》を立《た》て、まずは1か月《げつ》や1年間《ねんかん》のお金《かね》のやりくり計画《けいかく》を実行《じっこう》してみませんか。

未来《みらい》の計画《けいかく》

1か月《げつ》の計画《けいかく》

計画《けいかく》の例《れい》

お手伝《てつだ》いを頑張《がんば》って合計《ごうけい》1000円《えん》の収入《しゅうにゅう》を目指《めざ》す

お菓子《かし》に使《つか》うお金《かね》は500円《えん》までにする

実際《じっさい》の記録《きろく》		
入《はい》ったお金《かね》	おこづかい	円《えん》
	お手伝《てつだ》いの収入《しゅうにゅう》など	円《えん》
	合計《ごうけい》	円《えん》
使《つか》ったお金《かね》	(例《れい》：○月《がつ》○日《にち》　何《なに》に使《つか》ったか)	
		円《えん》
		円《えん》
		円《えん》
		円《えん》
	合計《ごうけい》	円《えん》
収入《しゅうにゅう》－支出《ししゅつ》		円《えん》

1年間《ねんかん》の計画《けいかく》

計画《けいかく》の例《れい》

夏休《なつやす》みにたくさん使《つか》えるよう他《ほか》の月《つき》のおこづかいを貯《た》めておく

サッカーの地区大会《ちくたいかい》で上位《じょうい》を目指《めざ》す

実際《じっさい》の記録《きろく》

月《つき》	収入《しゅうにゅう》－支出《ししゅつ》	残高《ざんだか》	その月《つき》の感想《かんそう》やできごとなど
1月《がつ》	円《えん》	円《えん》	
2月《がつ》	円《えん》	円《えん》	
3月《がつ》	円《えん》	円《えん》	
4月《がつ》	円《えん》	円《えん》	
5月《がつ》	円《えん》	円《えん》	
6月《がつ》	円《えん》	円《えん》	
7月《がつ》	円《えん》	円《えん》	
8月《がつ》	円《えん》	円《えん》	
9月《がつ》	円《えん》	円《えん》	
10月《がつ》	円《えん》	円《えん》	
11月《がつ》	円《えん》	円《えん》	
12月《がつ》	円《えん》	円《えん》	

1か月《げつ》の記録《きろく》をもとに記入《きにゅう》する

選択《せんたく》には情報収集《じょうほうしゅうしゅう》が欠《か》かせない

欲《ほ》しいものを手《て》に入《い》れる方法《ほうほう》

買《か》う

新品《しんぴん》を買《か》う ― 買《か》う

安《やす》い中古品《ちゅうこひん》を買《か》う ― 買《か》う

安《やす》くなるのを待《ま》つ ― すぐには買《か》わない

サブスクリプション

一定《いってい》期間《きかん》の利用権《りようけん》を買《か》う

音楽《おんがく》・映像《えいぞう》など

欲《ほ》しいものがあるとき、どうしますか？ 欲《ほ》しいものを手《て》に入《い》れる方法《ほうほう》は、いくつかあります。

一番《いちばん》多《おお》いのは買《か》うことでしょう。買《か》うお金《かね》を誰《だれ》が出《だ》すのか、親《おや》に買《か》ってもらう、自分《じぶん》のおこづかいで買《か》う、あるいは誰《だれ》かとお金《かね》を出《だ》し合《あ》って共有《きょうゆう》すれば一人《ひとり》あたりは安《やす》くすみます。

発売《はつばい》から時間《じかん》が経《た》つと安《やす》くなるもの、旅行《りょこう》など季節《きせつ》によって値段《ねだん》が変《か》わるものもあるし、安《やす》い中古《ちゅうこ》品《ひん》を選《えら》ぶ方法《ほうほう》もあります。中古品《ちゅうこひん》は、お店《みせ》で買《か》う以外《いがい》にも、個人間《こじんかん》で売買《ばいばい》することもできます。

買《か》う方法《ほうほう》にもいろいろありますが、買《か》わずに借《か》りる方法《ほうほう》もありま

買《か》わない

お金《かね》を払《はら》って借《か》りる
タダで借《か》りる
→ 借《か》りる

買《か》わずに済《す》ませるか別《べつ》のもので代用《だいよう》する

自分《じぶん》で作《つく》る

す。友達《ともだち》ならタダで貸《か》してくれるかもしれません。

増《ふ》えているのが、買《か》って自分《じぶん》のものにするのではなく、利用《りよう》する権利《けんり》を買《か》うサブスクリプションです。料金《りょうきん》を払《はら》っている期間《きかん》は映像《えいぞう》や音楽《おんがく》などを楽《たの》しむことができます。

本当《ほんとう》に欲《ほ》しいのかを考《かんが》えた結果《けっか》、代用《だいよう》できるものを使《つか》う、買《か》わずに済《す》ませる人《ひと》もいるでしょう。中《なか》には自分《じぶん》で作《つく》ってしまう人《ひと》もいるかもしれません。

どの方法《ほうほう》を選《えら》ぶかにより、かかる金額《きんがく》や使《つか》い勝手《がって》、満足度《まんぞくど》が違《ちが》ってくるでしょう。自分《じぶん》にとって大事《だいじ》なもの、どうしても欲《ほ》しいものを手《て》に入《い》れるためにも、しっかり情報収集《じょうほうしゅうしゅう》して、優先順位《ゆうせんじゅんい》や手《て》に入《い》れる方法《ほうほう》を考《かんが》えましょう。

モノやサービスの価値《かち》をお金《かね》の量《りょう》で表《あらわ》したのが値段《ねだん》でした（103ページ）。つまり、**お金《かね》はひとつのモノサシ**です。お金《かね》は、「①モノやサービスと交換《こうかん》できる」ことに加《くわ》えて、「②価値《かち》を測《はか》る」ことができます。さらに、貯金《ちょきん》することで「③価値《かち》を貯《た》める」こともできます。

ただし、**モノやサービスの値段《ねだん》は変動《へんどう》しているので、一度《いちど》ついた値段《ねだん》が絶対《ぜったい》ではありません。**「1000円《えん》で買《か》ったものに1000円《えん》以上《いじょう》の価値《かち》を感《かん》じる」人《ひと》もいることでしょう。人《ひと》はそれぞれに自分《じぶん》のモノサシを持《も》っているはず。

また**値段《ねだん》は、モノやサービスを「商品《しょうひん》」として見《み》たときの価値《かち》です。**

お金《かね》を使《つか》う優先《ゆうせん》順位《じゅんい》は人《ひと》により違《ちが》う

社会《しゃかい》には商品《しょうひん》以外《いがい》のものも存在《そんざい》します。お金《かね》とは交換《こうかん》できないものです。例《たと》えば、家族《かぞく》や友人《ゆうじん》の存在《そんざい》。気《き》の合《あ》う仲間《なかま》と一緒《いっしょ》に過《す》ごす楽《たの》しい時間《じかん》など……。

毎日《まいにち》の生活《せいかつ》には、家族《かぞく》に食事《しょくじ》を作《つく》る、困《こま》っている人《ひと》の手助《てだす》けをするなど、お金《かね》をもらわないけれど誰《だれ》かのために行動《こうどう》することがあります。逆《ぎゃく》に、友達《ともだち》に勉強《べんきょう》を教《おし》えてもらうなどお金《かね》を払《はら》わないけど自分《じぶん》が助《たす》けてもらえることもあります。公園《こうえん》で走《はし》ったり、歌《うた》を歌《うた》ったり、お金《かね》に関係《かんけい》なく自分《じぶん》がそうしたいから、楽《たの》しいからすることもあります。

直接《ちょくせつ》お金《かね》と交換《こうかん》できず、お金《かね》で価値《かち》を測《はか》るのが難《むずか》しいものがたくさんあると同時《どうじ》に、お金《かね》によって生活《せいかつ》が成《な》り立《た》つからこそ、それらも手《て》に入《はい》ると考《かんが》えることもできます。

お金《かね》の使《つか》い方《かた》がその人《ひと》を作《つく》る？

　お金《かね》の使《つか》い方《かた》はその人《ひと》を表《あらわ》します。慎重《しんちょう》で買《か》う前《まえ》によく調《しら》べる人《ひと》、気《き》に入《い》ったらすぐに買《か》う人《ひと》、新品《しんぴん》が好《す》きな人《ひと》、手《て》に入《い》れたものを大事《だいじ》に使《つか》う人《ひと》、自分《じぶん》が使《つか》わなくなったらリサイクルに出《だ》す人《ひと》……。

　お金《かね》を使《つか》うのは自分《じぶん》の生活《せいかつ》を満《まん》足《ぞく》のいくよう維持《いじ》するためであり、人《ひと》にほめられるためではありません。人《ひと》それぞれ、自由《じゆう》でいいのです。ただし、無計画《むけいかく》にお金《かね》を使《つか》って後悔《こうかい》することは避《さ》けたいですよね。そのためには、**自分《じぶん》の性格《せいかく》や未来《みらい》の計《けい》画《かく》をもとに冷静《れいせい》に判断《はんだん》することです。**

　日々《ひび》のお金《かね》の使《つか》い方《かた》が、少《すこ》しずつその人《ひと》を形作《かたちづく》っていく面《めん》もあります。何《なに》を買《か》って食《た》べ、どんな服《ふく》を買《か》って着《き》るかは、健康《けんこう》や見《み》た目《め》に影《えい》響《きょう》します。どんな本《ほん》を買《か》って読《よ》み、いくらでどこに旅行《りょこう》するかは内面《ないめん》に影響《えいきょう》するでしょう。

　一人《ひとり》一人《ひとり》のお金《かね》の稼《かせ》ぎ方《かた》、使《つか》い方《かた》が集《あつ》まって社会《しゃかい》に影響《えいきょう》を与《あた》え、その人《ひと》のお金《かね》の稼《かせ》ぎ方《かた》、使《つか》い方《かた》、行動《こうどう》の積《つ》み重《かさ》ねは、その人《ひと》の生活《せいかつ》やその人《ひと》自身《じしん》を作《つく》っていくでしょう。

まとめ

自分《じぶん》のモノサシを作《つく》っていくことが、お金《かね》を使《つか》いこなすことにもつながる

8年後《ねんご》——
来月《らいげつ》から僕《ぼく》は大学生《だいがくせい》
家《いえ》を出《で》て
一人暮《ひとりぐ》らしを始《はじ》める
パカッ
コーヒ屋さん
収入支出《しゅうにゅうししゅつ》
ノート
250 × 16 = 4000
売上《うりあげ》4000円《えん》
4000 − 2000
= 2000
利益《りえき》
2000 ×
250 ÷ 15 = 16.6…
2000 ÷ 16 = 125
1杯《ぱい》あたり125円《えん》
150 − 125
= 25
屋さん

僕《ぼく》は1年間《ねんかん》
コーヒー屋《や》をした後《あと》
事業《じぎょう》を妹《いもうと》に譲《ゆず》った
サッカーでレギュラーに選《えら》ばれて
練習時間《れんしゅうじかん》が増《ふ》えたし
塾《じゅく》に通《かよ》い始《はじ》めて勉強《べんきょう》に
時間《じかん》をとられるようになったから
はい
これからも
たまにはコーヒー
入《い》れてあげるけど
もうお金《かね》はいらない
家族《かぞく》として
コーヒーを入《い》れるよ
——そうか
成《なる》のお金《かね》の使《つか》い方《かた》
前《まえ》よりもしっかりしてきたし
学年《がくねん》も上《あ》がったから
おこづかいを増《ふ》やしてあげるね

妹《いもうと》はコーヒー屋《や》を引《ひ》き継《つ》いで僕《ぼく》よりも稼《かせ》ぐようになった家事代行《かじだいこう》サービスを追加《ついか》して洗《あら》い物《もの》や風呂掃除《ふろそうじ》などを請《う》け負《お》ったからだ
お父《とう》さんとお母《かあ》さんは忙《いそが》しくて疲《つか》れているときずいぶん助《たす》けられたようだ
閉店《へいてん》します
その妹《いもうと》も小学《しょうがく》４年生《ねんせい》の終《お》わりにコーヒー屋《や》を閉店《へいてん》した
でも今《いま》もコーヒーを入《い》れるし料理《りょうり》や掃除《そうじ》などの家事《かじ》をときどき担当《たんとう》している
いとこの裕樹君《ゆうきくん》は希望《きぼう》がかなって去年《きょねん》から海外《かいがい》に留学中《りゅうがくちゅう》だ

大学生《だいがくせい》になったら
家《いえ》からの仕送《しおく》りと
自分《じぶん》のアルバイト代《だい》で
やりくりすることになる
でも
不安《ふあん》はない
大丈夫《だいじょうぶ》
きっとちゃんとやっていける
という自信《じしん》がある
将来《しょうらい》どんな仕事《しごと》をするかは
まだ決《き》めていないけど
いろいろな体験《たいけん》をしながら
じっくり考《かんが》えたい
出発《しゅっぱつ》の日《ひ》の朝《あさ》
じゃあ
いってきます！

坂《さか》本《もと》 綾《あや》子《こ》

ファイナンシャルプランナー（日本FP協会認定CFP®）。1988年よりマネー誌、女性誌にて家計管理や資産運用の取材記事を執筆。1000人以上に取材。99年ファイナンシャルプランナー資格取得。2010年ファイナンシャルプランナー坂本綾子事務所設立。20年を超える取材記者としての経験を生かして、生活者向けの金融・経済記事の執筆、家計相談、セミナー講師を行う。著書に、ベストセラーとなった『節約・貯蓄・投資の前に 今さら聞けないお金の超基本』（朝日新聞出版）、『まだ間に合う! 50歳からのお金の基本』(エムディエヌコーポレーション)などがある。

前《まえ》川《かわ》わかば

イラストレーター。ストーリーを感じる温かいイラストでSNSなどを中心に活躍。

まつむらあきひろ

イラストレーター・デザイナー。かわいいもの、レトロなもの、ユーモラスなイラストを得意とする。子ども向け、医療系、学習系など、さまざまな媒体で幅広く活躍している。

著者エージェント　株式会社アップルシード・エージェンシー

装丁・本文デザイン　雪垣絵美

DTP　明昌堂

まんがと図《ず》解《かい》でよくわかる

きみたちはどう稼《かせ》ぐか

1杯《ぱい》のコーヒーをお金《かね》に変《か》える方《ほう》法《ほう》

2025年5月10日　初版発行

著　者　坂《さか》本《もと》綾《あや》子《こ》

まんが　前《まえ》川《かわ》わかば

イラスト　まつむらあきひろ

発行者　安部順一

発行所　中央公論新社

〒100-8152　東京都千代田区大手町1-7-1
電話　販売　03-5299-1730　編集　03-5299-1740
URL　https://www.chuko.co.jp/

印　刷　TOPPANクロレ

製　本　大口製本印刷

Published by CHUOKORON-SHINSHA, INC.
Printed in Japan ISBN978-4-12-005914-8 C8033